CB081905

FUTSAL

Instituto Phorte Educação
Phorte Editora

Diretor-Presidente
Fabio Mazzonetto

Diretora Financeira
Vânia M.V. Mazzonetto

Editor-Executivo
Fabio Mazzonetto

Diretora Administrativa
Elizabeth Toscanelli

Conselho Editorial
Francisco Navarro
José Irineu Gorla
Marcos Neira
Neli Garcia
Reury Frank Bacurau
Roberto Simão

2ª edição revisada e ampliada

FUTSAL
CONCEITOS MODERNOS

Nicolino Bello · Ubiratan Silva Alves

Phorte
editora
São Paulo, 2020

Futsal: conceitos modernos
Copyright © 2008, 2020 by Phorte Editora

Rua Rui Barbosa, 408
Bela Vista – São Paulo – SP
CEP 01326-010
Tel.: (11) 3141-1033
Site: www.phorte.com.br
E-mail: phorte@phorte.com.br

Nenhuma parte deste livro pode ser reproduzida ou transmitida de qualquer forma, sem autorização prévia por escrito da Phorte Editora.

CIP-BRASIL. CATALOGAÇÃO NA PUBLICAÇÃO
SINDICATO NACIONAL DOS EDITORES DE LIVROS, RJ

B386f
2. ed.

Bello, Nicolino
Futsal : conceitos modernos / Nicolino Bello, Ubiratan Silva Alves. - 2. ed., rev. e ampl. - São Paulo : Phorte, 2020.
96 p. ; 21 cm.

Inclui bibliografia
ISBN 978-85-7655-752-4

1. Futsal. I. Alves, Ubiratan Silva. II. Título.

20-62199 CDD: 796.3348
CDU: 796.33

Vanessa Mafra Xavier Salgado - Bibliotecária - CRB-7/6644
ph0288.2

Este livro foi avaliado e aprovado pelo Conselho Editorial da Phorte Editora.

Impresso no Brasil
Printed in Brazil

Aos meus pais, Doracy e Nicolino, pelos ensinamentos; à minha esposa, Sônia, pelo companheirismo inacabável; aos meus filhos, Marcel, Monique e Melissa, que me orgulham; e aos meus netos, Thalita, Davi, Nathan, Pietro, Rian e Gael, que dão continuidade à vida.

Nicolino Bello

Aos meus pais, Hilda e Ubirajara (*in memoriam*), pelo apoio incondicional às minhas empreitadas; aos meus filhos, Juliana, Enrico e Guilherme, fonte eterna de busca aos novos desafios; à Girlaninha, que me mostrou o caminho que estava adormecido.

Ubiratan Silva Alves

Este livro é dedicado a um anjo... Um anjo chamado Andressa!

Agradecimentos

A Deus, pelas grandes conquistas que obtivemos até agora em nossas vidas pessoais e profissionais; ao professor Fabio Mazzonetto, da Phorte Editora, por acreditar nesta obra; aos nossos alunos, que, ao longo destes anos de magistério, ensinaram-nos muito mais do que nós a eles; e a todos que, direta ou indiretamente, estão envolvidos com o futsal e contribuíram de alguma forma com este livro.

Sumário

Introdução

Atualmente, no Brasil, o futsal pode ser considerado o esporte mais praticado entre seus habitantes (Agência Brasil, 2003; Federação Mineira de Futsal, 2009). Essa constatação pode ser estendida a todos os âmbitos: escolares, executivos, recreativos, de lazer, dos atletas profissionais e das pessoas com deficiência.

Os dados, que devem sempre ser atualizados ano a ano, apontam para um número aproximado de 315 mil atletas filiados à Confederação Brasileira de Futebol de Salão (CBFS) nas 27 Federações Estaduais filiadas, compondo cerca de 3.500 clubes e associações cadastradas nessas entidades (COB, 2016).

Esses dados formam o rol de praticantes filiados às federações e à Confederação, ou seja, atletas que podemos chamar de cadastrados ou federados. Ressalta-se que, a esses números, devem ser acrescidos aqueles praticantes não cadastrados em instituições oficiais. Por ser uma modalidade de prática acessível, independentemente das condições individuais de habilidade motora, biótipo, local ou material, o futsal tem, no Brasil, um número estimado de praticantes que ultrapassa os 45 milhões, principalmente pelo fato de fazer parte do currículo de Educação Física de quase todas as escolas da educação básica (INEP, 1999).

Dessa forma, o futsal apresenta um potencial enorme para a prática do jogo com fins de recreação, de educação ou de rendimento, o que facilita e expõe essa modalidade aos aspectos socioculturais, que devem ser sempre levados em consideração nos momentos de prática. Acrescenta-se a isso o grande número de títulos e de participações das equipes brasileiras em eventos internacionais, o que torna cada vez mais facilitada a difusão dessa modalidade, que pode ser considerada genuinamente brasileira.

Não é novidade ver brasileiros pelos quatro cantos do mundo atuando nessa modalidade, seja como atletas, técnicos, árbitros, comentaristas ou dirigentes. Algumas seleções de países, sobretudo da Europa e da Ásia, propõem que os atletas brasileiros se naturalizem em suas nações, a fim de comporem suas equipes nacionais nos eventos internacionais.

Alguns dados (Dilascio, 2016; Kalsing, 2008; LNF, 2018; Tedesco, 2014) apontam um elevado número de atletas e técnicos brasileiros atuando no futsal fora do País. Essa prática está espalhada por praticamente todos os continentes. O Brasil, hoje, tem Espanha, Rússia, Itália, Argentina como maiores concorrentes na modalidade. Ressalta-se que, sobretudo na Europa, muitos brasileiros se naturalizaram para atuar por seleções locais.

Nesse sentido, cabe aos profissionais da área de Educação Física terem um cuidado especial ao tratar dessa modalidade, visto que pode ser um fator de desencadeamento de discussões muito produtivas.

1 • Histórico

Seria bom se fosse possível rastrear as origens do futebol de salão. Ao que parece, essa dúvida não terá uma solução final tão cedo, pois, pelos documentos, é difícil, ou quase impossível, saber quem estruturou o futebol de salão: Brasil ou Uruguai?

Muitos autores, por exemplo, Apolo (1995), Figueiredo (1996), Lucena (1994), Teixeira Júnior (1996), Zilles (1987), discutem e fazem reflexões acerca da possível paternidade do futebol de salão e foi, com base nesses estudos, que se desenvolveu este capítulo.

A dúvida tem início nos anos 1930 e 1940, quando a Associação Cristã de Moços (ACM) ainda promovia grandes intercâmbios entre seus professores de Educação Física em nível mundial, o que favorecia a troca de experiências e de propostas. Esses intercâmbios eram constantes, diferentes dos que ocorrem nos dias de hoje, os quais, por questões financeiras, tornaram-se mais escassos.

Depoimentos de professores envolvidos nesses contextos no início da década de 1930 apontam para uma visita da comitiva brasileira à ACM de Montevidéu, no Uruguai. Esses brasileiros viram alunos jogando futebol como forma de recreação em quadras de basquete, sem nenhuma regra específica, tampouco limite para o número de praticantes. Essa quantidade de participantes em cada equipe dependia do número de alunos disponíveis e com interesse em jogar. A busca por um espaço fechado e coberto provavelmente teria acontecido por conta das baixas temperaturas daquela região.

O idealizador dessa prática dentro dos ginásios uruguaios foi o professor Juan Carlos Ceriani, que nomeou o novo esporte como *indoor football*, redigindo as primeiras regras em 1933, fundamentadas, em sua essência, no futebol, no basquete e no handebol, em relação ao tempo de jogo; e no polo aquático, quanto à validação dos gols e à ação do goleiro. Vale lembrar que, nesse período, o futebol de campo estava em grande ascensão e divulgação em nível mundial, em particular no Uruguai. Este, campeão olímpico em Atenas (1924) e em Amsterdã (1928), com a famosa equipe intitulada *Celeste Olímpica* (*celeste*, por ter o azul na cor de sua camisa, e *olímpica*, pelos feitos alcançados nos Jogos Olímpicos) aumentava consideravelmente os interessados nessa prática no país. Diante disso, quase que obrigatoriamente, a Federação Internacional de Futebol (Fifa – Fédération Internationale de Football Association, em francês) presenteou o Uruguai com o direito de ser o primeiro país a sediar o primeiro campeonato mundial de futebol, em 1930, vencido pelo próprio Uruguai, que se consagrou como o primeiro campeão mundial de futebol. O Brasil teve apenas uma participação discreta nesse evento.

Nesse primeiro evento, parece-nos ser o Uruguai o país que criou o futebol de salão.

Um dos brasileiros visitantes, que viu a prática do futebol em ginásios no Uruguai naquela época, foi Habib Maphuz, que trouxe a ideia para a ACM de São Paulo, criando o primeiro regulamento da modalidade no início da década de 1950. Anos mais tarde, Habib se tornaria presidente da Federação Paulista de Futebol de Salão.

Já na versão brasileira, tem-se que, nessa mesma época, na ACM, em São Paulo, uma possível prática do futebol dentro dos salões de festas, quadras de basquete e de hóquei ocorria de forma bastante contundente, com caráter predominantemente recreativo. Nessa época, crescia o número de pessoas interessadas na prática do futebol, sendo cada vez mais difícil encontrar espaços adequados e disponíveis para isso. Esse fato ocorreu em razão do grande número de pessoas que chegavam a São Paulo, de várias partes do país. A isso, somam-se os processos de industrialização, que começaram a tomar conta de alguns espaços públicos na construção de seus prédios e, em consequência, de moradias para abrigar os que chegavam à capital a fim de encontrar novas oportunidades de emprego. Todos esses fatores favoreceram a diminuição dos locais destinados aos jogos de futebol.

Quase que espontaneamente, a prática do futebol no Brasil transfere seus palcos para arenas fechadas, onde, no início, jogava-se com seis ou sete jogadores em cada equipe, podendo, muitas vezes, utilizar-se das paredes para tocar a bola. Segundo Ferreira (1994), Tolussi (1986), Voser (1999), em 1936, Roger Grain publicou as regras do esporte na *Revista de Educação Física*, n. 6, e, na década de 1940, os associados da ACM de São Paulo começaram a praticar a modalidade. A prática desse novo esporte fez tanto sucesso que já estava presente em escolas e clubes (Ferreira, 1994; Saad, 1997).

Nesse contexto, o futebol de salão parece ter origem no Brasil.

Independentemente da sua origem, por ser de fácil entendimento e de prática simples, no início da década de 1950, esse jogo espalhou-se pelo Brasil, mais precisamente pelo Rio de Janeiro e por São Paulo, passando a ser chamado de futebol de salão. Nessa mesma década, no Brasil, para organizar a modalidade, criaram-se várias federações estaduais, sendo pioneira a Federação Metropolitana de Futebol de Salão (atual Federação de Futebol de Salão do Estado do Rio de Janeiro), fundada em 1954, com sede no América Futebol Clube. Na sequência, foram fundadas as federações Paulista (em 1955), a Gaúcha, a Cearense e a Paranaense (em 1956).

Ainda quanto às instituições organizadoras dessa modalidade, o futebol de salão ganha o continente, e foi criada a Confederação Sul-Americana de Futebol de Salão (CSFS), em 1969. Prosperando em nível mundial, foi criada, em 25 de julho de 1971, a Federação Internacional de Futebol de Salão (Fifusa), fundada no Rio de Janeiro, tendo o brasileiro João Havelange como seu primeiro presidente.

Mais tarde, em 1979, a sede da Federação Cearense viria a ser a sede da Confederação Brasileira de Futebol de Salão (CBFS), tendo como seu primeiro presidente Aécio de Borba Vasconcelos.

Em contrapartida, o Uruguai organizou a prática desta modalidade somente em 1965, quando criou sua entidade oficial, a Federação Uruguaia de Futebol de Salão.

O professor da ACM de São Paulo, Habib Maphuz, no início dos anos 1950, participou da elaboração das normas para a prática de várias modalidades esportivas dentro das ACMs, sendo uma delas o futebol de salão, que deveria ser jogado em quadras. Consequentemente, o professor Habib, em parceria com Luiz

Gonzaga de Oliveira Fernandes, elaborou o primeiro livro de regras de futebol de salão, editado para o mundo em 1956.

As primeiras bolas usadas eram de serragem, crina vegetal ou cortiça granulada. Estas, por pularem muito, com frequência, saiam da quadra de jogo, o que dificultava o andamento da partida. Dessa forma, as bolas tiveram seu tamanho diminuído e o peso aumentado, o que levou o futebol de salão a ser chamado de "esporte da bola pesada" (na Federação Paulista de Futebol de Salão, havia uma revista que circulava pelos ginásios com informações sobre a modalidade chamada de "bola pesada"). Infelizmente, muitos atletas tiveram sérias contusões por conta do peso da bola.

Tivemos, no Brasil, o caso de um jogador que faleceu após levar uma bolada num jogo de futebol de salão. O atleta conhecido como "Japão", Carlos Wladimir da Silva, em novembro de 1991, defendia o time do Palmeiras e, em um lance da partida do Campeonato Metropolitano contra a equipe da Eternit, disputada no Parque Antarctica, levou uma bolada que acertou o seu abdome. Japão caiu e não conseguiu se levantar, desmaiou em seguida e morreu cerca de 40 minutos após o lance.

Tentando finalizar essa questão da criação, em 1971, no Congresso da Fifusa, a então responsável pela gestão mundial da modalidade, aprovou, no artigo 15 de seu estatuto a origem das regras do jogo no Brasil, considerado o legítimo criador do futebol de salão. Ressalta-se, ainda, diante desse fato que, na aprovação desse estatuto, o presidente da Federação Uruguaia de Futebol de Salão na época, Felipe Ramón Figueroa, esteve presente para aceitar o estatuto. Somam-se a isso ainda alguns tópicos que merecem ser levados em conta ao abordar esse tema.

O Brasil é o maior vencedor de torneios internacionais dessa modalidade e tem, comprovadamente, até os dias de hoje, os melhores atletas e técnicos do planeta. O futsal é a modalidade mais praticada no território nacional. Em contrapartida, o Uruguai não tem tradição nenhuma nessa modalidade, não tem atletas nem técnicos de renome internacional, e o futsal não é a modalidade mais praticada entre seus habitantes.

Pode-se sinalizar, após todos esses eventos e fatos discutidos e apresentados, que, possivelmente, a ideia de se jogar futebol em quadras fechadas deve ter tido suas origens em solo uruguaio. Não obstante, o futebol de salão, como modalidade esportiva organizada, parece ter todas as suas raízes em solo brasileiro, visto que foi no Brasil que ocorreu a regulamentação e a difusão da prática para além do território nacional.

1.1 Quem manda no jogo: Fifa ou Fifusa?

A Fifa data sua fundação no dia 21 de maio de 1904. Os países fundadores dessa entidade foram França, Bélgica, Espanha, Suíça, Holanda, Suécia e Dinamarca. Posteriormente, a Inglaterra, Alemanha, Áustria e Itália passam a compor esse grupo de países. Essa federação foi criada com a finalidade de organizar, comandar, institucionalizar e divulgar o futebol em nível mundial, e tem sua sede até os dias de hoje na Suíça.

A Fifusa data sua fundação no dia 25 de julho de 1971. Os países fundadores dessa entidade foram Brasil, Argentina, Bolívia, Paraguai, Peru, Uruguai e Portugal. Essa federação foi criada com a finalidade de organizar, comandar, institucionalizar e divulgar o futebol de salão em nível mundial. A primeira cidade sede da Fifusa foi o Rio de Janeiro, sendo transferida para São Paulo em 1980.

A CBFS data sua fundação no dia 15 de junho de 1979, no Rio de Janeiro. Os estados fundadores foram Ceará, Rio de Janeiro, São Paulo, Espírito Santo, Sergipe, Amazonas, Pernambuco, Maranhão, Bahia, Paraíba, Mato Grosso, Brasília, Acre, Minas Gerais, Rio Grande do Sul, Paraná, Santa Catarina, Rio Grande do Norte, Amapá, Alagoas e Goiás. Esse fato ocorreu concomitantemente com a extinção da Confederação Brasileira de Desportos (CBD). A primeira diretoria da CBFS teve como presidente o Aécio de Borba Vasconcelos, e foi escolhida a cidade de Fortaleza, capital do estado do Ceará, para sediar a entidade.

O crescimento do futebol de salão foi mais rápido do que se havia previsto, o que levou os dirigentes da Fifa a darem atenção especial aos fatos.

No início da década de 1980, houve uma tentativa de aproximação entre os dois dirigentes brasileiros, João Havelange e Januário D'Alécio, que comandavam respectivamente a Fifa e a Fifusa. Por vários motivos que envolviam os comandos das entidades, não foi possível tornar viável um acordo, sobretudo porque uma das intenções da Fifa era tornar o futebol de salão uma modalidade integrante dela, o que foi prontamente rechaçado pelos comandantes da Fifusa.

Tentando equacionar esse entrave, a Fifa criou uma modalidade nomeada de *fut-five* (futebol de cinco – uma mistura do futebol com o futebol de salão: quadra de futebol de salão, bola de futebol), que tinha como objetivo disputar a preferência e o constante crescimento do futebol de salão. Enquanto isso, nos Estados

Unidos, era praticada uma modalidade denominada *indoor soccer* (futebol de ginásio fechado), reforçando a característica dos norte--americanos de não copiar nada. Esse jogo tem muitos aspectos do futebol de salão, entretanto é considerado um pouco mais violento.

A Fifa organizou o 1º Mundial de Fut-Five em 1989, na Holanda, sem muito sucesso. Após essa tentativa, organizou-se no Brasil o 2º Mundial, também pouco assistido. Acredita-se que essa falta de sucesso tenha relação direta com o tamanho e o peso da bola, o que não permitia que a ela ficasse muito tempo em jogo, desmotivando, dessa forma, os espectadores e os próprios praticantes.

No início de 1989, reuniram-se em Zurique (Suíça) uma comissão da Fifusa e outra da Fifa. Foi criada uma Comissão de Integração, cuja maior finalidade era discutir a unificação do futebol de salão (Fifusa) com o *fut-five* da Fifa. Em continuidade das discussões de um possível acordo entre Fifa e Fifusa, Januário D´Alécio, presidente da Fifusa na época, pediu afastamento da presidência. Esse fato foi precedido pelo desligamento da CBFS na Fifusa, o que levou o futebol de salão brasileiro a fazer parte do quadro da Fifa, e, por isso, dois brasileiros se tornaram imediatamente membros dela: Januário D´Alécio e Álvaro Mello. Esses nomes compõem o quadro de estudiosos que visam melhorar a divulgação da modalidade, a fim de disseminá-la pelo mundo.

Em março de 1989, em uma nova reunião, decidiu-se que a modalidade passaria a ser comandada, em âmbito mundial, por uma comissão permanente da Fifa que, mudando um de seus artigos, oficializou o nome da modalidade para futsal. No ano seguinte, em São Paulo, 19 países afiliados da Fifusa aprovaram sua extinção, nomeando a Fifa como órgão máximo do futsal em nível mundial. Ainda assim, alguns contratempos continuaram a acontecer nesse período, o que culminou, em maio de 1990, com o afastamento oficial do Brasil da Fifusa em carta do presidente da CBFS, Aécio de Borba Vasconcelos, àquela entidade, com o aval das 26 federações filiadas à CBFS.

Liderados pelo Paraguai, algumas Federações Nacionais da América do Sul se reuniram e, em 1990, criaram a Confederação Pan-Americana de Futebol de Salão (Panafutsal), mantendo as regras originais da modalidade. As aproximações com a Fifa não aconteceram, e, então, esse grupo criou uma entidade de caráter mundial, em 2002, a Associação Mundial de Futsal (AMF), e organizou campeonatos mundiais nos formatos da modalidade original. O Brasil é filiado a essa entidade e participa desses campeonatos mundiais de seleções com participação discreta.

Após vários estudos dentro da Fifa, além de mudanças em algumas regras do jogo, resolveu-se adotar o nome futsal para a modalidade, pois, segundo os estudiosos, essa nomenclatura teria facilidade de pronúncia em todas as partes do mundo, sobretudo no Oriente.

Além do nome, outras mudanças no jogo marcaram essa transformação, por exemplo, a quadra, o tamanho e o peso da bola, o arremesso lateral, que passa a ser cobrado com os pés, e a utilização dos goleiros fora da área de meta. Um dos principais focos de adaptação que facilitou a divulgação e a difusão do futsal, em especial na Europa, foi o uso das mesmas metragens da quadra de handebol, modalidade intensamente praticada nesse continente. Isso fez que não houvesse necessidade de se demarcar novas linhas nos ginásios europeus, pois praticamente todas as linhas do futsal sobrepunham-se às linhas do handebol, e vice-versa.

O romantismo do futebol de salão estava evidenciado, segundo algumas pessoas ligadas à modalidade, na habilidade individual dos atletas e praticantes. Com as mudanças ocorridas nas regras do jogo, a modalidade passou a ter predominância coletiva, o que, para alguns aficionados do futebol, fez que perdesse seu brilho. O jogo passa a ter um número de gols maior, tornando-o, desse modo, mais veloz, mais estudado quanto à elaboração e à utilização de táticas, principalmente as oriundas do basquete, e mais atraente aos espectadores.

Em 1989, houve um campeonato mundial com sede nos Países Baixos, vencido pelo Brasil. Em 1992, após esse acordo entre as entidades ter sido firmado, foi realizado o Campeonato Mundial com sede em Hong Kong, que teve o Brasil como campeão e os Estados Unidos como vice. Esse evento teve uma grande força de público e divulgação, o que promoveu uma enorme busca de patrocinadores. Dando continuidade a esse acordo, as competições mundiais de futsal organizadas pela Fifa tiveram os seguintes países sedes como seus respectivos campeões e vices (Quadro 1.1).

Quadro 1.1 – Ano, países-sede, campeões e vice-campeões dos Campeonatos mundiais de futsal

Ano	País-sede	Campeão	Vice-campeão
1989	Países Baixos	Brasil	Países Baixos
1992	Hong Kong	Brasil	Estados Unidos
1996	Espanha	Brasil	Espanha
2000	Guatemala	Espanha	Brasil
2004	China	Espanha	Itália
2008	Brasil	Brasil	Espanha
2012	Tailândia	Brasil	Espanha
2016	Colômbia	Argentina	Rússia
2020	Lituânia	–	–

O Brasil, por ter participado de competições dessa modalidade desde os tempos em que eram regidas pela Fifusa, que organizou 3 campeonatos: 1982 (Brasil como sede e como campeão), 1985 (Espanha como sede, Brasil como campeão), 1988 (Austrália como sede, Paraguai como campeão), obteve sucesso em sete campeonatos mundiais como primeiro colocado, sendo o país mais vitorioso até hoje nessa modalidade.

1.2 Competições nacionais

Em 1959, foi criado o Campeonato Brasileiro de Seleções Estaduais, disputado até hoje a cada biênio. Nesse evento, é possível que a equipe de qualquer estado participe da competição, o que promove o intercâmbio da modalidade entre os diversos estados.

No ano de 1968, surge um outro evento denominado Taça Brasil de Clubes Adulto Masculino, também disputado de dois em dois anos. A partir de 1980, o evento passou a ser anual, com grande destaque para equipes como Inpacel (PR), Enxuta (RS), Sumov (CE), Banespa (SP) e Vasco da Gama (RJ), que obtiveram êxito na maioria das competições. A Taça Brasil de Futsal Feminino entra no cenário nacional a partir de 1992, com grande destaque para as equipes Sabesp (SP) e Marvel (SP).

Na década de 1990, as equipes de vôlei e de basquete passaram a obter patrocínio de grandes empresas, que divulgam suas marcas por meio das competições, aumentando o número de praticantes, fazendo surgir, assim, ligas nacionais dessas modalidades. O futsal, aumentando sempre a quantidade de praticantes e espectadores, começou a sentir a necessidade de se fixar no cenário nacional com uma competição de alto nível e com a possibilidade de divulgação das marcas das grandes empresas. Dessa forma, após acordos entre as Federações, surgiu, em 1996, a primeira Liga Nacional de Futsal, contando com equipes de renome e patrocinadores de alta inserção no mercado. Entre elas, destacam-se: Inter/Ulbra (RS), Vasco Dal Ponte/Unimed (RS), Goiás/Futsal 2000 (GO), GM/Chevrolet (SP), São Geraldo/Minas (MG), AABB/Topper (SP), Palmeiras/Rhumell (SP), Tio Sam (RJ), Corinthians/Lousano (SP), Arsenal/Texaco (MG), Carlos Barbosa (RS), Malwee (SC), Jaraguá (SC), Magnus/Sorocaba (SP), entre outras.

Ainda nessa direção, em 2000, com grande divulgação e incentivo da mídia e dos patrocinadores, criou-se a Copa Rio-São Paulo-Minas, em que participam clubes desses três estados com grande tradição esportiva no futebol de campo, fato que promove o evento graças à força que "as camisas" desses clubes têm em âmbito nacional e internacional. Vale destacar que essa polarização não cabe para os dias de hoje, se pensarmos nas questões de atletas de alto nível, visto que a inclusão do estado do Rio Grande do Sul, que vem se destacando no cenário nacional com a apresentação de grandes jogadores atrelados a grandes conquistas, seria necessária.

O ano de 2003 foi marcado por muitos acontecimentos importantes na trajetória do futsal no Brasil. O então presidente do Comitê Olímpico Brasileiro, Carlos Arthur Nuzman, consegue incluir o futsal nos Jogos Pan-Americanos de 2007, no Rio de Janeiro. Soma-se, ainda, a Federação Paulista de Futebol de Salão, que lança um projeto com divulgação nacional em praticamente todos os eventos dessa modalidade, a fim de levar o futsal ao patamar de esporte Olímpico. O projeto intitula-se "*Eu quero Futsal Olímpico*" e tem grande aderência por parte da imprensa, dos atletas, dos dirigentes e de pessoas ligadas à modalidade.

Ressalta-se que, nos Jogos Pan-Americanos de 2007, o Brasil conquistou a medalha de ouro. A modalidade não fez parte do programa dos Jogos Pan-Americanos de Guadalajara, no México, em 2011, nem de Toronto, no Canadá, em 2015, nem de Lima, no Peru, em 2019.

1.3 Competições internacionais

O primeiro campeonato mundial de seleções de futebol de salão foi realizado no Brasil, no ginásio do Ibirapuera, em São Paulo, no ano de 1982. Nesse evento, o Brasil consagrou-se campeão, e o Paraguai foi o vice. Nessa época, vale ressaltar que o futebol de salão no Paraguai era um esporte muito difundido e tinha grandes atletas em atividade, o que deixou de acontecer com o passar do tempo.

O segundo evento mundial aconteceu na Europa, em 1985, na Espanha, sendo o país-sede um dos finalistas, junto com o Brasil. Naquela oportunidade, o Brasil consagrou-se bicampeão mundial. Na época, mantendo a tradição de prática difusa no país e de grande quantidade de atletas de alto nível, o Paraguai consagrou-se campeão no terceiro campeonato, realizado em 1988, na Austrália. O Brasil ficou com o segundo posto. Praticamente repetindo uma final do Brasil contra o país-sede, os Países Baixos foram os anfitriões desse evento, indo à final do quarto campeonato mundial, em 1989. O Brasil venceu mais uma vez.

Esses campeonatos aconteceram ainda sob a chancela da Fifusa. A partir de 1990, a Fifa passou a comandar a modalidade, como foi apresentado.

Os clubes também têm um campeonato mundial que ocorre desde 1996. Os clubes do Brasil foram campeões em 1996, com o

S. C. Internacional; em 1998, com o C. A. Mineiro; em 1999, com o Canoas; em 2001, em 2004 e em 2012, com o Carlos Barbosa; em 2015, com o Atlântico; em 2016 e em 2018, com o Magnus.

1.4 O futsal nos dias de hoje no Brasil

No Brasil, existem dois grupos de praticantes de futsal: os cadastrados e os não cadastrados. Há em torno de 315 mil atletas cadastrados que têm vínculo com alguma instituição oficial da modalidade. Já os não cadastrados têm um número estimado em 20 milhões, principalmente por conta dos praticantes em âmbito escolar ou sob a forma de recreação ou de lazer. Nas escolas, o futsal é uma modalidade extremamente utilizada,[1] e, em nível de recreação ou de lazer, existem inúmeros locais que alugam seus espaços para grupos de pessoas que praticam o futsal.

Esse cenário reflete a enorme potencialidade dessa modalidade esportiva nos âmbitos da recreação e lazer, da educação e do rendimento, indicando suas relações com aspectos socioculturais que, independentemente dos objetivos da prática, devem receber ampla atenção dos profissionais de Educação Física, como aponta Daolio (2003, 2004).

Além disso, em razão do grande número de conquistas e de participações das equipes brasileiras em eventos internacionais, a difusão e a divulgação dessa modalidade torna-se cada vez mais facilitada,

---

[1] Essa utilização da modalidade em nível escolar não diz respeito à qualidade da prática ou à finalidade dela conforme estabelecido pelos profissionais da educação, mas, sim, aponta que o futsal tem um grande número de adeptos e praticantes na escola, até porque grande parte das instituições de educação básica no Brasil têm uma quadra com a demarcação das linhas dessa modalidade, o que facilita, e, até certo ponto, induz os alunos a praticarem, seja qual for seu o nível de habilidades motoras.

ressaltando que o futsal é considerado uma modalidade genuinamente brasileira. Desse modo, cabe aos profissionais da área de Educação Física no Brasil terem um cuidado especial ao tratarem dessa modalidade, visto que pode ser um campo altamente produtivo de atuação e que ainda sustenta alguns leigos que operam nesse campo.

É importante ressaltar que ainda existem, em algumas comunidades, "pseudotreinadores" dando suas valiosas instruções e contribuições para determinadas equipes. Em geral, esses "donos" das equipes são pequenos empresários que, aos fins de semana, transformam-se em técnicos de futebol para colocar a marca do seu comércio na vitrine ou, até mesmo, para se sentirem com o poder de comando por alguns momentos e demonstrar toda sua sabedoria na arte do futebol. Suas principais funções são a de marcar os jogos, reunir seus "amigos-atletas", levá-los aos locais de jogo, financiar o uniforme (geralmente, com o patrocínio de sua empresa ou loja), fornecer o lanche – e, porque não dizer, a "cerveja" depois do jogo – e as famosas dicas, estratégias e táticas para a sua equipe.

Muitas dessas instruções, na verdade, fazem parte do senso comum, perpetuam-se e são transmitidas de geração para geração, como se realmente aquilo estivesse plenamente correto. Os saberes se eternizam e se difundem dentro da óptica do "é porque sempre foi e assim sempre será". Nesse sentido, é imprescindível a atuação do profissional da Educação Física, a fim de endossar ou não esses "saberes", torná-los científicos, e não apenas deixá-los como simples "dicas".[2]

[2] Algumas dessas dicas tornaram-se quase que rituais e são ouvidas em quase todas as quadras, por exemplo, "Respire, respire!". Essa sugestão não corresponde à realidade da ação humana, pois se sabe que não é preciso mandar alguém respirar, visto que essa ação independe da nossa vontade. Fica parecendo que, se não houvesse essa "dica", o jogador morreria por falta de oxigênio. Outra situação comum acontece após um choque entre os jogadores, quando os "sábios" sugerem o famoso "Bate o pé no chão!". Muitos jogadores tiveram suas lesões agravadas pelo simples fato de forçarem essa ação em um local previamente lesionado.

Esses treinadores esporádicos não se encontram somente nas quadras de futsal, mas, também, em campos de futebol, dentro de clubes, de academias e de escolas de esportes, invadindo espaços da prática da atividade física e, consequentemente, da cultura corporal de movimento. Vale lembrar que foram criados os conselhos na área de Educação Física,[3] que regulamentam, organizam e fiscalizam a atuação profissional nessa área, visando permitir apenas que profissionais com formação adequada e legítima possam atuar no futsal.

1.5 Futsal feminino: em busca de espaço

Na década de 1980, existiam duas grandes equipes masculinas de voleibol: a Atlântica Boavista, do Rio de Janeiro, e a Pirelli, de São Paulo. No entanto, ainda havia o preconceito de que esse esporte tinha caráter feminino. Naquela época, sobretudo nas escolas, ainda se pregava que o futebol era um esporte para homens, e o voleibol, para mulheres. Desse modo, quando algum homem praticava voleibol ou alguma mulher praticava futebol, eram vistos como homossexuais.

Aos poucos, o preconceito foi perdendo espaço para a admiração e, com a chamada "geração de prata", que foi a equipe que ganhou medalha de prata no vôlei dos Jogos Olímpicos de Los Angeles (1984), essa modalidade passou a ser encarada de forma diferente no Brasil. Nos dias de hoje, o Brasil tem uma equipe considerada a melhor do mundo, ganhadora de muitos títulos, que teve no comando técnico um dos jogadores da referida geração, Bernardo Rocha de Rezende, o Bernardinho.

---

[3] O Conselho Federal de Educação Física (Confef), criado pela Lei 9696/98, é uma entidade civil sem fins lucrativos, com sede e foro na cidade Rio de Janeiro, destinada a orientar, disciplinar e fiscalizar o exercício das atividades próprias dos profissionais de Educação Física.

O futsal feminino ainda não teve esse salto de inserção na sociedade, tampouco no futebol de campo, e ainda sofre com discriminação e falta de apoio. Algumas atletas jogam, ou jogavam, ambas as modalidades ao mesmo tempo para poder estar em atividade e, consequentemente, divulgar mais essa prática. É o caso da jogadora Sisleide do Amor Lima, mais conhecida como Sissi,[4] diferenciada nas quadras e nos campos, que jogou muito tempo nas equipes do Brasil e dos Estados Unidos, além de ter sido treinadora de várias equipes.

Essa trajetória do futsal feminino no Brasil teve seu ponto de partida oficial em janeiro de 1983, quando o Conselho Nacional de Desportos (CND) liberou a prática do futebol e do futsal para mulheres e, em abril, a Fifusa também avalizou essa prática. Daí em diante, os estados passaram a organizar a modalidade, e os campeonatos ganharam espaço. O primeiro evento oficial organizado pela CBFS aconteceu em Mairinque (interior de São Paulo), no ano de 1992, e se chamou Taça Brasil de Clubes. Esse campeonato contou com a participação de dez equipes indicadas pelas federações estaduais. Nesse mesmo ano, quase todas as federações estaduais começaram a organizar eventos dentro de seus respectivos estados, a fim de colocar suas equipes na competição nacional.

Algumas equipes femininas merecem destaque nesse cenário, por exemplo, Sabesp (SP),[5] Marvel (SP) e Vasco da Gama (RJ). A região Sul do Brasil começou a montar equipes e entrou de forma muito incisiva nesse quadro, como é o caso do Rio Grande do Sul, com o Chimarrão, de Estância Velha, e, em Santa Catarina, com o Kindermann, de Caçador. No Paraná, o Maringá

---

[4] Outras jogadoras também merecem destaque no futsal e no futebol. São elas: Formiga, Pretinha, Raquel, Juliana Cabral, Marta, Kátia Silene, entre outras.

[5] A Sabesp foi a equipe campeã sul-americana de clubes em 2002, no Chile.

Seleto e a Unopar/Londrina/Grêmio têm se mostrado muito envolvidos na prática do futsal feminino.

Entretanto, ainda é em São Paulo que essa modalidade tem muitos praticantes nas grandes equipes, com diversas jogadoras de destaque, o que provoca intensa divulgação e prática.

No ano de 2001, a CBFS criou um departamento para gerenciar o futsal feminino, dirigido por Inês dos Santos até 2004. Nessa fase, a primeira convocação feita para compor a Seleção Brasileira de Futsal feminina ocorreu em dezembro de 2001 para um desafio contra o Paraguai em dois jogos: o primeiro em Londrina, e o segundo em Cornélio Procópio, ambos vencidos pelo Brasil.

Em 2005, Astrogildo Nunes Piedade assumiu o cargo no departamento feminino. Nesse mesmo ano, foi criada a Liga Feminina de Futsal, que contou com a participação de dez equipes e teve seu lançamento em Londrina, na Universidade Norte do Paraná. Dando sequência aos eventos da Seleção Brasileira, em 2005, o grupo se reuniu novamente para fazer três amistosos contra a Espanha. Dessa vez, o resultado foi de duas derrotas e uma vitória.

Logo em seguida a esses amistosos, em 2005, a cidade de Barueri (SP) foi sede do I Campeonato Sul-Americano de Futsal Feminino. Além do Brasil, Paraguai, Uruguai, Argentina, Peru e Equador compõem o rol de seleções participantes. Na sequência desse torneio, em 2007, no Equador, o Brasil foi o campeão; em 2009, no Brasil, a nossa seleção foi a campeã; em 2011, na Venezuela, o Brasil foi o campeão; em 2015, no Uruguai, a Colômbia foi a campeã; em 2017, no Uruguai, o Brasil foi o campeão. Somam-se, ainda, os campeonatos mundiais nos quais o Brasil se sagrou campeão: em 2010, na Espanha; em 2011, no Brasil; em 2012, em Portugal; em 2013, na Espanha; em 2014, na Costa Rica; em 2015, na Guatemala.

Apesar de alguns percalços políticos, esperamos que o futsal feminino possa encontrar seu espaço dentro do concorrido mundo do futebol, e, especificamente, do futsal masculino, a fim de que mais mulheres usufruam dessa atividade e possam ser beneficiadas das vantagens que se tem por meio da prática desportiva. Acreditamos que um bom começo para essa prática se tornar mais popular e menos preconceituosa no nosso país passa por uma difusão e uma inserção de maneira mais contundente nos bancos escolares, nas aulas de Educação Física e na montagem de equipes de treinamento dentro das escolas.

1.6 Prorrogação

Historicamente, o futebol tem sido amplamente divulgado, difundido e praticado em território nacional e em outros países. De acordo com Duarte (1998), a grande aceitação dessa modalidade em nível nacional tem suas raízes na capoeira, ou seja, de uma prática que tem sua origem no Brasil e faz uso predominantemente dos membros inferiores, em especial dos pés. Como consequência, segundo o autor, o futebol teve grande expansão no Brasil pela proximidade das ações de ambas as modalidades.

Witter (1996) aponta para alguns desenhos em paredes de cavernas que já dariam indícios de uma prática com pedras jogadas com os pés pelos nossos antepassados, muito próximos ao futebol atual. Nesse sentido, talvez não seja tão importante identificar a verdadeira origem do futsal, se brasileiro ou se uruguaio, mas, sim, verificar como atuar nele, de modo a auxiliar e contribuir na formação global do indivíduo.

O futsal tem enorme aceitação na nossa população, talvez por ser uma das poucas práticas que não exigem material sofisticado para viabilização. Entretanto, quando se fala dessa prática, deve-se levar em conta realmente seus fins e objetivos. Estes, de acordo com Tubino (1994), podem ser recreativos, educacionais ou de resultados. Quando a prática é recreativa, tem como objetivo a recreação, o lazer e a atuação "sem pensar" no resultado, no desempenho. Já quando é feita com fins educacionais, essa prática passa a contribuir como um conteúdo extremamente eficiente[6] no contexto escolar e terá como principal objetivo desenvolver ou discutir alguns conceitos[7] que podem ser indicados pelo professor de Educação Física ou de outras disciplinas, de acordo com as necessidades de seu grupo e do projeto pedagógico da escola. Por fim, quando a prática tem fins de resultados, deve ser encarada de uma maneira que favoreça o desenvolvimento da criatividade nos praticantes, para que eles possam resolver os problemas que surgem durante um jogo, visando a uma melhora na atuação e, consequentemente, nos índices. A ideia nessa vertente da prática é a de proporcionar ao atleta uma quantidade enorme de situações e de movimentações com o intuito de propiciar a ele inúmeras possibilidades de ação e o uso daquela que for mais adequada para cada situação.

---

[6] De acordo com Daolio (2003), todo brasileiro tem alguma ligação com o futebol, por menor que seja. Pelo menos, ele tem um clube a quem é fiel. Assim, fica mais fácil a discussão de temas valendo-se do futebol.

[7] Os veículos de comunicação têm, diariamente, alguma reportagem que está veiculada ao futebol. As capas dos jornais diários, revistas, internet, entre outros meios, fazem sempre referência, de maneira muito incisiva, a algum fato relacionado a essa modalidade. Por exemplo, é possível discutir política, drogas, violência, *dopping*, economia, doenças sexualmente transmissíveis, gravidez, pedofilia, assédio moral/sexual e tantos outros assuntos tendo o futebol como desencadeador da discussão.

Essa modalidade pode ser utilizada como uma boa ferramenta, como desencadeador[8] de discussões em uma escola, visto que, conforme Freire (2002), grande parte dos alunos de escolas brasileiras já tem algum conhecimento acerca dessa modalidade, o que facilitaria a inserção de diferentes conteúdos. Consequentemente, acredita-se ser possível a prática do futsal nas escolas, nas diferentes dimensões apresentadas: recreativa, educativa ou de resultados.

Em situação escolar, a prática recreativa pode ser vista como aquela utilizada nos momentos não formais, como intervalos e horários de entrada e saída de aula. Já com um viés educacional, a aula regular de Educação Física tem o privilégio de se utilizar dessa modalidade. As atividades visando aos resultados entram nos horários fora de aula regular, ou seja, equipes de treinamento que podem ser montadas com base nos gostos e nas afinidades que cada aluno tenha com o futsal ou com outra modalidade esportiva qualquer. Vale ressaltar que deve haver uma harmonia entre os objetivos daquele que pratica com aqueles que dirigem e ministram essas práticas, ressalta Alves (2014).

No Brasil, negar o futebol seria negar a própria história da nação. Muitas pessoas hoje, direta ou indiretamente, vivem desse esporte. A história do Brasil e de tantas outras sociedades cruzam com a do futebol (Franco Júnior, 2007; Guterman, 2009; Palacios e Chacra, 2014). Portanto, cabe aos profissionais que atuam nessa área tratá-lo como um aliado, e não como algo que irá prejudicar sua atuação.

---

[8] Desencadeador é um termo utilizado em Alves (2002) no sentido de achar canais de acesso para introduzir conteúdos na escola. Esses canais podem ser os mais variados possíveis, e é tarefa do professor tentar adequá-los aos objetivos que ele venha a propor.

2 • Conceitos

Para que possamos conceituar o futsal, vale salientar como surge ou se cria uma modalidade esportiva. É importante ressaltar que uma modalidade é concebida de acordo com as necessidades de determinados povos ou comunidades em utilizar a cultura corporal, os espaços físicos, os materiais e o clima local, a fim de sistematizar determinadas práticas.

Em sua essência, uma modalidade esportiva começa a ser praticada sofrendo influências diretas de alguns fatores que permeiam os diferentes aspectos, como os políticos, os geográficos, os culturais, os sociais, os econômicos, entre outros. Sabe-se, contudo, que a finalidade da criação da prática, na maioria das vezes, não era a de torná-la uma modalidade esportiva, mas, sim, de aproveitar as condições que existiam nas diferentes regiões para a prática de uma atividade como forma de treinamento, de lazer ou de recreação. A sistematização e a divulgação dessas atividades transformam-nas em uma modalidade esportiva.

A regulamentação e a divulgação, bem como a organização de cada modalidade esportiva, são concebidas segundo uma hierarquia. No Brasil, a linha de comando legítima começa com ligas ou associações, que organizam a modalidade em bairros, em comunidades ou em regiões. Quando uma quantidade de ligas ou de associações se une de comum acordo, sem sair do limite dos estados, criam-se as federações, que regem as modalidades em nível estadual. Por sua vez, as federações, que organizam a modalidade, podem se unir e criar a confederação, que é o órgão máximo da modalidade em nível nacional. As confederações também podem se vincular em um continente para a criação da confederação continental, que deve estar atrelada à federação internacional da modalidade. Esta tem poder total em nível mundial de organizar e comandar tudo o que envolve oficialmente a modalidade esportiva. No Brasil, já existem ligas constituídas que organizam, por exemplo, o basquete nacional Novo Basquete Brasil (NBB).

Fizemos questão de frisar, no parágrafo anterior, a legitimidade desses órgãos no sentido da linha hierárquica ligada aos comitês oficiais, pois só eles têm a possibilidade de receber verbas federais e internacionais, compartilhar de eleições, enviar delegações e participar de eventos promovidos por esses grupos.

2.1 Conceituação do esporte

Vários autores discutem esse amplo conceito de esporte. Vamos apresentar alguns. Tubino (1994) aponta que é um fenômeno sociocultural, sendo uma manifestação da cultura física fundamentada na Educação Física, compreendendo também dança e recreação. Já Ferreira (2004) propõe ser um conjunto de exercícios físicos praticados com método, individualmente ou por equipe. Sociólogos do esporte (Bourdieu, 1983; Elias e Dunning, 1992) citados por Barbanti (2002) afirmam ser uma atividade competitiva e institucionalizada, que envolve esforço físico vigoroso ou o uso de habilidades motoras relativamente complexas, praticada por indivíduos, cuja participação é motivada pela combinação de fatores intrínsecos e extrínsecos.

Segundo The New Encyclopædia Britannica (1986), a definição de esporte é uma atividade recreativa ou de competição que envolve um grau de força física ou de habilidade.

Consequentemente, por ser considerado um direito de todos, de acordo com a Carta Internacional de Educação Física e Esporte publicada pela Organização das Nações Unidas para a Educação, a Ciência e a Cultura (Unesco, 1978), o esporte pode ser entendido, pela sua abrangência, em três manifestações: esporte-educação, esporte-participação e esporte-desempenho, ideia corroborada por Tubino (1994).

Nos dias de hoje, um aspecto predominante que influencia a prática das atividades físicas está diretamente ligado aos constantes desafios que o homem deseja vivenciar como forma de demonstrar sua capacidade de ultrapassar seus próprios limites. Está-se falando dos esportes radicais, dos esportes de aventura e dos esportes na natureza, que têm aumentado bastante o número de praticantes, de profissionais e de locais adequados e adaptados para esses fins; por exemplo: o rapel, *parkour*, mergulho, escalada, *rallies*, montanhismo, alpinismo, *rafting*, *skate*, arvorismo ou arborismo, *bungee jumping*, entre outros.

2.2 Divisão dos esportes

As modalidades esportivas podem ser divididas de acordo com alguns critérios.

- Quanto ao número de praticantes, podem ser:
  - *Individuais*: praticados de maneira isolada, sem requerer formação de equipe para atuação. Exemplos: salto em altura, judô.
  - *Coletivos*: praticados por mais de um indivíduo, gerando interdependência e formação de equipe. Exemplos: futsal, polo aquático.
- Quanto à ação motora, podem ser:
  - *Cíclicos*: apresentam uniformidade e repetição quanto à execução dos gestos motores. Exemplos: ciclismo, corridas.
  - *Acíclicos*: apresentam uma quebra no ciclo de execução dos gestos motores. Exemplos: lutas, tênis.
- Quanto à divisão por categorias, podem ser:
  - *Por idade*: por exemplo, de 11 a 12 anos.
  - *Por peso*: por exemplo: de 50 a 55 quilogramas.
  - *Por faixa ou cordão*: por exemplo, faixa azul.
- Quanto ao nível dos praticantes, podem ser:
  - *Principiantes*: aqueles que iniciam a prática da modalidade independentemente da idade.
  - *Não confirmados*: aqueles que treinam ou praticam a modalidade, mas não se dedicam exclusivamente a essa atuação, tendo outra atividade profissional.

    - *Confirmados*: aqueles que praticam a modalidade, dedicam-se a ela com exclusividade e podem tornar-se profissionais.
- Quanto aos objetivos da prática, podem ser de:
    - *Recreação*: propõe-se ao praticante que esta modalidade lhe traga prazer, e que, assim, possa gostar e se tornar um fiel usuário da atividade física regular.
    - *Educação*: propõe-se ao praticante que a modalidade seja utilizada de forma a adquirir conceitos e atitudes positivas para o seu cotidiano. Preferencialmente utilizada no âmbito escolar, acredita-se na modalidade esportiva como um meio para construção de conhecimentos não exclusivamente motores, mas também culturais, cognitivos, afetivos e sociais.
    - *Desempenho*: a modalidade é praticada com fins nela mesma, ou seja, pretende-se melhorar a prática e os gestos com a própria prática – corre-se para melhorar a corrida, chuta-se a bola para melhorar o chute na bola, e assim por diante –, fornecendo condições ao praticante para que melhore suas habilidades gerais com o intuito de conseguir obter bons resultados em competições.

Diante dos critérios apresentados, pode-se conceituar o futsal da seguinte maneira: é um esporte coletivo, acíclico, dividido por categorias de idade, podendo ser praticado por principiantes ou não, com regras próprias de forma recreativa, educativa ou competitiva.

2.3 Capacidades físicas

O termo *capacidade física* sofre alguma modificação, de acordo com o referencial adotado em nível de estudo. Denomina-se, também, *qualidade física* ou, ainda, *valência física*. Em todos os termos apresentados, independentemente da terminologia utilizada, vale lembrar que algumas dessas capacidades são inatas, congênitas, ou seja, nascem com cada indivíduo, podendo ser treinadas e aperfeiçoadas. Já outras são adquiridas e desenvolvidas, podendo sofrer influências do meio ambiente. Elas são discutidas a seguir, com base nas obras de Åstrand e Rodahl (1986), Dantas (2005), McArdle, Katch e Katch (2016) e Weineck (1986).

2.3.1 *Endurance* orgânica

É considerada uma qualidade física que, por meio de exercícios prolongados ou esforço contínuo, é executada de fraca para média intensidade. A *endurance* caracteriza-se pela realização de exercícios aeróbios. A escola alemã prefere chamá-la de *resistência aeróbia*.

- *Resistência orgânica*: aeróbia e anaeróbia (láctica/aláctica).
  - *Resistência aeróbia*: é definida como uma qualidade física que permite a um indivíduo sustentar, por um período longo de tempo, uma atividade física relativamente generalizada em condições aeróbias, isto é, nos limites do equilíbrio fisiológico denominado *steady state*. Trata-se do período longo de uma atividade nos limites do equilíbrio de oxigênio. O desenvolvimento da capacidade aeróbia de um indivíduo promove

melhora da capacidade funcional do coração, aumento da capacidade muscular de queimar açúcares e gorduras, melhora no transporte de O_2, aumento dos glóbulos vermelhos (número), redução da massa corporal e da frequência cardíaca (FC) de repouso. Considera-se também como resistência geral, estâmina. Estabelece-se cargas em torno de 60% a 80% da máxima, e o estudo na fisiologia tem sido amplamente discutido. Sua fonte energética é chamada de glicogênio.

- *Resistência anaeróbia aláctica*: qualidade física que permite sustentar, durante o maior tempo possível, uma atividade física em condições anaeróbias. O termo *aláctico* aparece conforme o exercício, muito intenso, tem a duração de, aproximadamente, até 10 segundos, o que já está se tornando discutível e estudado em laboratórios, pois se acredita que alguns atletas treinados suportem mais tempo. Os exercícios por curtos períodos de tempo, que vão até 60 segundos, dependem essencialmente da adenosina trifosfato (ATP) gerada pelos sistemas de energia anaeróbia imediata. Provoca fadiga bioquímica e neuromuscular.
- *Resistência anaeróbia láctica*: qualidade física que permite sustentar o maior tempo possível uma atividade física em condições anaeróbias, no caso superior ao tempo do exercício anaeróbio aláctico, em que, para sustentação de 3 a 5 minutos, aumenta-se a quantidade de energia gerada pela glicólise. Várias repetições causam um acúmulo de lactato, resultando em nível de ácido láctico mais alto.

- *Resistência muscular localizada (resistência de força)*: é uma qualidade física que permite realizar, em um maior tempo possível, a repetição de determinado movimento com a mesma eficiência. É indicado no treinamento de musculação isotônico ou isocinético, no intervalado, no circuito e, até mesmo, na musculação isométrica. Permite a continuação do esforço, tanto em condições aeróbias quanto anaeróbias. Tem uma relação direta com a duração do esforço com grupos musculares determinados, sugerindo-se uma duração de esforço mínima de 15 repetições. Provoca fadiga periférica (circulatória e motriz) e também a nervosa.

2.3.2 Força

Qualidade física que permite a um músculo ou grupo muscular produzir uma tensão e vencer uma resistência na ação de empurrar, tracionar ou elevar. Pode ser de três tipos:

- *Força dinâmica*: força dos membros em movimento ou suportando o peso do corpo em movimentos repetidos. Também considerada força em movimento, podendo ser chamada de máxima, pura ou isotônica. A força dinâmica pode ser dividida em:
  - *Força absoluta*: considerada no valor máximo que pode desenvolver uma pessoa, em determinado movimento.
  - *Força relativa*: seria o quociente entre a força absoluta e o peso corporal da pessoa.

- *Força estática*: tipo de força que produz calor, mas não ocorre em forma de movimento. Chamada também de força isométrica, é medida pelo tempo que uma pessoa pode permanecer em uma situação de contração isométrica, suportando determinada carga.
- *Potência*: também chamada de força explosiva, é uma qualidade física explicada pela capacidade de exercer o máximo de energia em um ato explosivo. É o produto da força pela velocidade (P = F × V), presente na maioria das modalidades esportivas.

2.3.3 Flexibilidade

Qualidade física dependente da mobilidade articular e da elasticidade muscular. É evidenciada pela amplitude dos movimentos das diferentes partes do corpo, que pode ser medida em unidades angulares ou lineares. É a qualidade física que condiciona a capacidade funcional das articulações a se movimentarem nos limites ideais de determinadas ações. As pessoas do sexo feminino são mais flexíveis do que as do sexo masculino. Responsável pela ação voluntária de um movimento de amplitude angular máxima, nos limites morfológicos, a flexibilidade faz parte de um conteúdo de treinamento específico e depende de fatores como genética, ambiente, sexo, temperatura, idade e horário.

As formas de trabalhar a flexibilidade podem ser:

- *Flexibilidade balística*: com a ajuda de um companheiro, movimentos rápidos e explosivos.
- *Flexibilidade estática*: mais facilmente mensurável, pode ser atingido o limite máximo de forma lenta e gradual.

- *Flexibilidade dinâmica*: expressa pela máxima amplitude de movimento obtida pelos músculos de forma rápida. É a mais habitual encontrada na atividade física.

Ainda são conhecidas as técnicas de trabalho pelo método *Scientific Stretching for Sports* (3S) e facilitação neuromuscular proprioceptiva (FNP).

2.3.4 Coordenação motora (destreza)

Chamada também de destreza ou qualidade de sinergia, permite uma ação ótima dos diversos grupos musculares na realização de uma sequência de movimentos com máximas eficiência e economia. Permite ao indivíduo assumir a consciência e a execução, levando-o à integração progressiva de aquisições. Está implícita nas destrezas específicas de qualquer esporte.

2.3.5 Equilíbrio

Qualidade física alcançada pela combinação de ações musculares, sustentando o corpo sobre uma base contra a lei da gravidade. Controle do corpo em relação ao seu centro de gravidade. Pode ser:

- *Estático*: conseguido em determinada posição e usado, sobretudo, em esportes como saltos ornamentais e ginástica artística.
- *Dinâmico*: alcançado em movimento, dependendo do dinamismo dos processos nervosos. Pode ser trabalhado com os fundamentos técnicos das modalidades esportivas.
- *Recuperado*: considerado na recuperação do equilíbrio em uma posição qualquer. Pode ser evidenciado nos saltos e esportes como voleibol, basquetebol, handebol e futsal.

2.3.6 Tempo de reação

Muitas vezes, é chamado de maneira inadequada por curiosos do esporte de "reflexo". Essa qualidade está intimamente ligada ao sistema nervoso central e é percebida principalmente nos esportes que utilizam a bola. Também chamada de *velocidade de reação*. Pode ser:

- *Simples*: quando existe um estímulo para iniciar o movimento.
- *Complexo*: quando existe um implemento (bola) em que o atleta deve iniciar o movimento.
- *Complexo por escolha*: quando existe, além do implemento, uma tomada de decisão perante um adversário.

2.3.7 Agilidade

Qualidade física que permite mudança rápida de direção no menor tempo possível. Está intimamente ligada à flexibilidade, ao equilíbrio e à potência. Está presente na maioria das modalidades esportivas.

2.3.8 Ritmo

Qualidade física intimamente ligada ao sistema nervoso. É a cadência regulada pelo automatismo respiratório aliado à frequência e à amplitude de movimento. Depende de qualidades físicas como: resistência, força, velocidade, coordenação, equilíbrio e agilidade. Está presente em todas as modalidades esportivas.

2.3.9 Velocidade

Qualidade física que permite a execução de uma sucessão rápida de gestos em uma intensidade máxima e um mínimo de tempo. Pode ser classificada em:

- *Velocidade de reação*: também chamada de tempo de reação, é qualidade com a qual o atleta responde a um estímulo. Depende da capacidade motora de colocar em ação os grupos musculares de cada movimento.
- *Velocidade de deslocamento*: capacidade máxima de um indivíduo de deslocar-se de um a outro (Tubino e Moreira, 2003). Para Dobczynski (1971 *apud* Tubino e Moreira, 2003), a velocidade de deslocamento depende, em grande parte, do dinamismo dos processos nervosos que atuam sobre o sistema motor. Depende da frequência e da amplitude dos movimentos. Alguns pesquisadores acreditam que a velocidade de deslocamento máxima é alcançada até 50 a 60 metros.
- *Velocidade de impulsão*: para Tubino e Moreira (2003), é a capacidade de mover os braços ou as pernas tão rápido quanto possível. Os saltos são exemplos característicos da velocidade de impulsão, que dependerá da própria força de impulsão do atleta.
- *Velocidade de decisão ou julgamento*: está intimamente relacionada com a velocidade de reação, que tem seu centro nervoso oriundo na medula. Este tipo de velocidade, está presente no futebol (nas ações do goleiro), no handebol, no futsal, no polo aquático e nos esportes de combate.

2.3.10 Descontração

É a qualidade física compreendida como um fenômeno neuromuscular resultante de uma redução de tensão na musculatura esquelética. Pode ser de dois tipos:

- *Descontração total*: treinada em processos psicológicos.
- *Descontração diferencial*: os grupos musculares não exigidos durante uma atividade devem relaxar (economia energética).

De modo geral, as capacidades físicas, conforme os autores Barbanti (1996) e Weineck (1990), são definidas como todo atributo físico treinável num organismo humano.

2.4 Capacidades físicas evidenciadas no futsal

O praticante de futsal evidentemente se utiliza praticamente de todas, ou quase todas, as capacidades físicas. Entretanto, alguns estudos (Bello, 1998) podem ratificar algumas delas como sendo predominantes na prática dessa modalidade. São elas:

- *Resistência aeróbia*: é caracterizada pela essência do jogo. O tempo de duração de uma partida é de 40 minutos, divididos em dois períodos de 20 minutos, com intervalo de 10 minutos entre um e outro. Vale lembrar que o tempo do jogo é cronometrado, ou seja, cada vez que a bola estiver fora de jogo, o tempo é parado. Segundo pesquisas (Bello, 1998), o tempo médio total de uma partida de futsal é em torno de 62 minutos. Isso quer dizer que um atleta fica envolvido no jogo por mais de uma hora.

- *Resistência anaeróbia aláctica*: é caracterizada pelas ações e movimentações durante a partida. Essas movimentações ocorrem, predominantemente, em uma distância que pode variar, em média, de 5 a 20 metros.
- *Potência*: é caracterizada, fundamentalmente, pelas ações técnicas específicas do gesto referente à modalidade. Podem ser chutes, arremessos do goleiro, passes e cabeceios.
- *Ritmo*: é caracterizado pelo aspecto coletivo de sua praticidade, ou seja, padrões de movimentação, táticas de jogo e manobras. Essa capacidade está diretamente ligada à situação casual do jogo. Por exemplo, se uma equipe está ganhando ou perdendo o jogo, o ritmo pode ser alterado, aumentando-se ou diminuindo-se.
- *Agilidade*: é caracterizada pela mudança rápida de direção, executada no intuito de manter a bola sob o domínio, ou, até mesmo, um deslocamento sem a bola, a fim de obter vantagem em determinada ação. Outros aspectos que têm influência nessa capacidade são os diferentes tamanhos de quadra, que podem variar.
- *Tempo de reação*: é caracterizado, sobretudo, pela atuação dos goleiros no momento em que ele tem que executar uma ação de defesa. Já nos atletas de linha isso ocorre no momento de receber um passe, executar uma finta ou um drible ou, ainda, no ato de efetuar um chute ou um passe.

- *Força*: é caracterizada como um meio de suporte para que se melhore a potência, visto que esta é o produto da força pela velocidade e que permite deslocar um objeto (no caso, a bola) ou o próprio corpo por meio da contração dos músculos. Nos treinamentos, essa capacidade pode ser desenvolvida por meio de atividades de musculação. A força depende diretamente da velocidade em que o atleta executa determinada ação.
- *Velocidade*: é caracterizada por ações ofensivas ou defensivas, nas quais se pretende que a execução ocorra no menor tempo possível, com a máxima eficiência. Em razão das mudanças de regras atuais, o jogo passa a ser disputado com uma velocidade bem mais alta do que a anteriormente praticada. Portanto, fica clara a importância do trabalho dessa capacidade com os atletas. Ressalta-se que essa capacidade é imprescindível quando se pensa em uma situação de contra-ataque.

2.5 Ações individuais no futsal

Entendemos por ações as diferentes possibilidades de atuação e intervenção no jogo. Essas ações são viabilizadas por meio dos gestos motores particulares em cada modalidade esportiva, de acordo com a especificidade da prática. Conhecidas também como *técnica*, que pode ser definida como o domínio das ações motoras que são permitidas na prática de cada modalidade esportiva de modo eficiente.

- *Fase de preparação*: é a etapa em que o executante se concentra e elabora um esquema motor[9] para a ação que irá realizar.
- *Fase de ação*: é a principal fase, e o executante operacionaliza aquilo que estava predeterminado por ele na fase anterior.
- *Fase final*: é a fase em que termina a execução do gesto.

No futsal, podemos apresentar as ações individuais a seguir.

2.5.1 Domínio de bola

É a ação de interceptar ou ir de encontro com a bola, fazendo que ela fique de posse do executante ou que este consiga realizar alguma ação por meio de um ou mais contatos com a bola, a qual poderá ter procedência de um companheiro ou de um adversário. Os tipos de domínio estão relacionados às diferentes superfícies (partes do corpo) de contato que o executante tem com a bola. O domínio pode ser evidenciado de acordo com o local de contato da bola com algumas partes do corpo: cabeça, ombro, peito, abdome, coxa e pé. Especificamente, o goleiro pode utilizar as mãos, além de todas as partes citadas, desde que dentro de sua área de meta. De acordo com a altura e a velocidade da bola, o praticante deverá fazer a melhor opção para entrar em contato com ela.

---

[9] Barbanti (2002) afirma que, em aprendizagem motora, esquema é o conjunto de regras formado pela obtenção da informação de experiências de movimentos relacionados que incluem o princípio do movimento subjacente para essa classe de respostas. Pode ser ainda um esboço, um plano ou um programa.

2.5.2 Controle de bola

É a ação de manter a bola em contato com alguma parte do corpo, sendo considerado controle no momento exato em que a bola toca qualquer parte do corpo ou se assim permanece. A bola poderá ter procedência de um companheiro ou de um adversário. Os tipos de controle estão relacionados às diferentes superfícies que mantêm o contato com a bola (cabeça, ombro, peito, abdome, coxa, pé). Especificamente, o goleiro pode utilizar, além das partes do corpo dos atletas de linha, também as mãos, desde que dentro de sua área de meta. É evidente que, para os praticantes de futsal, o pé exerce preferência nesse tipo de ação.

Sempre que o praticante estiver com o controle da bola, ele estará com o domínio da bola; mas nem sempre quando estiver com o domínio da bola, ele estará com o controle. No momento em que o executante entra em contato com a bola para interceptá-la e entrar em domínio, ele tem o controle no instante que toca a bola.

O controle é a efetivação do domínio; o domínio efetiva-se quando se faz o controle.

Um bom exemplo para esses conceitos são as "pedaladas". Durante a execução das pedaladas, ou seja, quando o jogador passa seus pés por cima da bola sem tocá-la, não podemos afirmar se ele está ou não com o domínio. É necessário ver o que irá acontecer após o término das "pedaladas" e se ele conseguirá entrar em contato com a bola, se efetivou o domínio; entretanto, se ele não entrar em contato com a bola após as "pedaladas", podemos dizer que ele perdeu o domínio.

Para ter um bom domínio, é imprescindível que o executante esteja em equilíbrio. As partes do corpo que estão em constante desequilíbrio em um jogo de futsal são os pés, visto que eles mantêm as ações de deslocamento e, predominantemente, o contato com a bola. Dessa maneira, a parte do corpo que melhor pode auxiliar as ações de manutenção do estado de equilíbrio são os membros superiores.

As atividades que visam ao desenvolvimento e à melhora do domínio e do controle de bola devem levar em conta o equilíbrio e, consequentemente, as atividades com os membros superiores.

Jogo que trabalha os conceitos de domínio e de controle de bola: Jogo do Domínio ou "Birabol" (Alves, 2014)

Partimos do pressuposto de que, para se executar um bom domínio de bola, o executante deve estar em equilíbrio. No futsal institucional, a regra não permite que o jogador utilize contato dos membros superiores (excetuando-se o goleiro, dentro de sua área de meta) com a bola. Por conseguinte, a parte do corpo que predomina nas ações de equilíbrio dos jogadores de linha no futsal são os membros superiores. Assim, os membros superiores devem ser trabalhados com intuito de se desenvolver essa ação de domínio com maior eficiência. Sugerimos, então, um jogo para desenvolver essa ação.

O local onde desenvolvemos esse jogo é a própria quadra de futsal, imaginada sem linhas no chão. A bola pode ser de futsal ou de outra qualquer (sugerimos a bola de vôlei, em razão de sua adequação de segurança com as regras propostas). Formam-se duas equipes que podem variar seu número de jogadores, podendo ser de 6 até 10 como sugestão.

O objetivo desse jogo, tal qual o jogo de futsal institucionalizado, é fazer gol na meta adversária. A regra básica é não permitir o contato dos membros inferiores com a bola (essa regra possibilita o uso dos membros superiores para ter posicionamentos, movimentações e colocações adequados, com finalidade de desenvolver um bom equilíbrio e, como consequência, um bom domínio de bola).

O jogador com a posse de bola pode fazer o que quiser com ela: correr, quicar, lançar e qualquer coisa que evite o contato da bola com os membros inferiores (caso algum jogador toque a bola com os membros inferiores intencionalmente, será punido com a perda da posse de bola para a equipe adversária). Para que o adversário "roube" a bola de quem tem posse, deve tocar em qualquer parte do corpo daquele que está com a bola. O jogador que estava com a posse de bola a perde e deve aguardar pelo primeiro lançamento ou passe daquele que a "roubou" (essa situação assemelha-se a uma cobrança de falta do futsal institucional, e o cobrador, nesse momento, não poderá ser tocado, mas também não poderá se deslocar com a bola antes de executar o passe). Finalmente, o gol deve ser feito exclusivamente com a cabeça, e o jogador não pode lançar a bola para que ele mesmo cabeceie para o gol.

Nesse jogo, não há utilização das linhas da quadra, tampouco de goleiros, pois todos os jogadores têm basicamente as mesmas funções, podendo, sim, de acordo com a determinação dos grupos, montar seus sistemas e suas táticas para atingir os objetivos. Se o jogador que estiver com a posse de bola for tocado (independentemente do local em que esteja, perto de seu gol ou não), ele perde a posse de bola, e a outra equipe terá direito à cobrança da infração.

Pode-se determinar que esse jogo termine com tempo ou número de gols preestabelecido.

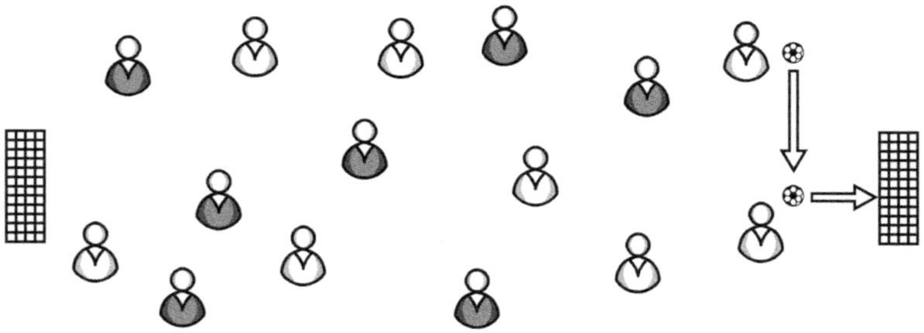

Figura 2.1 – Jogo do domínio (Birabol).
Fonte: adaptada de Alves (2014).

2.5.3 Passe

É a ação de tocar, enviar, deslocar ou empurrar a bola para um companheiro, para um espaço vazio (esse termo, também chamado de "ponto futuro" por Cláudio Coutinho, ex-técnico da Seleção Brasileira de Futebol, prevê o encontro da bola com o jogador em um local projetado por aquele que executou o passe) ou para lugar nenhum (quando um jogador quer se livrar rápido da bola, sobretudo numa situação de perigo à sua meta, executa um passe para fora da quadra ou em direção à quadra adversária). O passe pode ser executado com qualquer parte do corpo (excetuando-se os membros superiores para os jogadores de linha e para o goleiro fora de sua área de meta): pé, cabeça, ombro, abdome, coxa, joelho e, raramente, costas. Contudo, como predomina o passe com os pés e a cabeça, analisaremos essas ações de maneira mais específica.

Execuções do passe com o pé podem ser analisadas de acordo com:

- Superfície de contato da bola com o pé. Imaginemos o pé sendo uma caixa de sapatos tendo, portanto, seis diferentes superfícies de contato. São elas:
    - parte lateral interna (condução, chapa ou chapado);
    - parte lateral externa (trivela, três dedos, desviado);
    - parte superior (dorso, peito do pé);
    - parte inferior (sola ou solado);
    - parte anterior (bico, bicanca, bicuda ou dedão);[10]
    - parte posterior (calcanhar/osso calcâneo).[11]
- Localização da bola:
    - *Voleio*: o executante entra em contato com a bola localizada acima da altura do solo, sem que ela entre em contato com o chão.
    - *Semivoleio* (bate-pronto, bola de tempo): o executante entra em contato com a bola localizada acima da altura do solo imediatamente após o contato dela com o chão.

Para execuções com a cabeça, deve-se ressaltar que o cabeceio pode ser defensivo ou ofensivo. É defensivo quando o executante atua para proteger ou resguardar sua meta. É ofensivo quando o executante aciona a bola a fim de facilitar ações de ataque ou endereçá-la diretamente ao gol adversário.

---

[10] O passe executado com essa parte do pé também pode ser analisado de duas maneiras. O chamado de *encoberta* ou *cobertura* (quando o tempo de contato do pé na bola é longo, favorecendo uma direção mais eficiente e uma menor velocidade na ação) e o *cavado* ou *cavadinho* (quando o tempo de contato do pé na bola é curto, desfavorecendo uma direção mais eficiente e favorecendo uma velocidade maior na ação). Ambos proporcionam uma trajetória parabólica na bola.

[11] O passe executado com essa parte do pé também pode ser analisado de duas maneiras. O calcanhar paralelo, em que o pé de apoio fica ao lado do pé de contato com a bola; e o calcanhar cruzado, em que o pé de apoio se cruza com o pé de chute.

A cabeça, ou caixa craniana, para efeito de análise das ações do futsal, pode ser dividida em (Paulsen e Waschke, 2012):

- parte anterior (testa/osso frontal);
- parte superior (osso parietal);
- parte posterior (nuca/osso occipital);
- parte lateral (direita ou esquerda/osso temporal).

Podemos ainda analisar o passe em relação à:

- Distância entre o executante e seu "alvo" (que pode ser um companheiro, um espaço vazio/ponto futuro ou lugar nenhum):
    - curto;
    - médio;
    - longo;
    - muito longo (lançamento).
- Trajetória da bola (a partir do momento que a bola perde o contato com aquele que fez o passe):
    - retilínea;
    - curvilínea;
    - parabólica.
- Altura da bola em relação ao solo (a partir do momento que a bola perde o contato com aquele que fez o passe):
    - rasteiro;
    - meia altura;
    - alto.
- Espaço de jogo entre o executante e seu "alvo" (que pode ser um companheiro, um espaço vazio/ponto futuro ou lugar nenhum):

- diagonal;
- lateral;
- paralelo.

2.5.4 Chute

É a ação de tocar, enviar, deslocar ou empurrar a bola com o objetivo de acertar a meta adversária. O chute tem como único e exclusivo objetivo o gol adversário. É executado exclusivamente com o pé. O pé que entra em contato com a bola é chamado de pé de chute; enquanto o outro é chamado de pé de apoio.[12]

Escuta-se muito o termo "chutão", referindo-se a uma ação em que o jogador impulsiona a bola para qualquer lugar, afastando-a de um local perigoso, por exemplo, da sua área de meta. Entretanto, esse termo "chutão" fica descaracterizado, pois o objetivo do jogador, nesse caso, não foi o de atingir a meta adversária. Dessa forma, nessa situação, ele teria executado um "passão" (termo completamente impopular), pois seu objetivo seria um local distante daquele.

Em outras modalidades esportivas, como o basquete e o handebol, chute pode referir-se a um ato feito com as mãos. Preferimos, no futsal, referir-se ao chute apenas como aquele executado exclusivamente com os pés.

Desse modo, as características explicativas do chute aproximam-no do passe, quando executado com os pés. Podemos, portanto, de modo semelhante ao passe, estudar o chute de acordo com:

---

[12] O pé de apoio, que tem importância praticamente igual ao pé de chute, deve ser posicionado de acordo com o objetivo do chute ou do passe. O pé de apoio pode estar posicionado atrás, ao lado ou à frente da bola.

- Superfície de contato do pé com a bola:
  - parte lateral interna (condução, chapa ou chapado);
  - parte lateral externa (trivela, três dedos, desviado);
  - parte superior (dorso, peito do pé);
  - parte inferior (sola ou solado);
  - parte anterior (bico, bicanca, bicuda ou dedão);
  - parte posterior (calcanhar/osso calcâneo).
- Distância (entre o "chutador" e o gol):
  - curta;
  - média;
  - longa.
- Trajetória da bola (entre o "chutador" e o gol):
  - retilínea;
  - curvilínea;
  - parabólica.
- Altura da bola em relação ao solo (a partir do momento que perde o contato com o "chutador" até sua chegada ao gol):
  - rasteira;
  - meia altura;
  - alta.
- Local de onde foi desferido em relação ao gol:
  - diagonal;
  - lateral;
  - paralelo.
- Localização da bola:
  - *Voleio*: o executante entra em contato com a bola localizada acima da altura do solo, sem que ela entre em contato com o chão;

- *Semivoleio* (bate-pronto, bola de tempo): o executante entra em contato com a bola localizada acima da altura do solo imediatamente após o contato dela com o chão.

Exemplo: a famosa "bicicleta" (imortalizada por Leônidas da Silva, o Diamante Negro) pode ser considerada um chute ou passe (dependendo do objetivo de quem executa) de peito ou simples e de voleio.

Jogo do Chute ou "Chutegol" (Alves, 2014)

Este jogo tem como principal objetivo propiciar aos alunos/jogadores/praticantes uma possibilidade de poder executar a ação de chutar de forma continuada, em diferentes situações. É possível fazer uso de qualquer tipo de bola, seja de futsal, seja de futebol de campo, sejam outros. Forma-se uma fila, e o primeiro da fila deve ficar posicionado próximo à marca da cobrança do tiro penal. O "chutador" deve atingir o gol, fazendo que a bola entre e saia de dentro da meta. Caso isso não aconteça, após o chute, o "chutador" estará desclassificado se:

- a bola acertar a trave ou o travessão sem que entre no gol;
- a bola entrar na meta, mas não sair do gol, ou seja, a bola permanecer dentro do gol;
- a bola ficar presa em algum local dentro da meta, por exemplo, na rede ou nos ferros que compõem a trave;
- o "chutador" entrar em contato com a bola pela segunda vez antes de outro participante o fazer;
- a bola furar a rede.

O jogo será reiniciado com a cobrança de tiro livre da marca penal pelo próximo participante da "fila" que estaria na sequência daquele que fora eliminado. Também é possível que, em vez de fazer uso do gol do futsal, utilizar o gol do jogo de hóquei sobre patins ou, até mesmo, desenhar ou pintar um alvo em uma parede. Nesse último caso, não haveria possibilidade de a bola parar dentro da meta ou furar a rede.

As condições para reinício do jogo são as mesmas do início, ou seja, bola na marca penal (ou em um local predeterminado) e a composição da fila. Se a bola tocar em algum participante que não tenha feito essa intervenção na sua vez de atuação, ele também estará desclassificado. Vence o jogo o último jogador que permanecer sem cometer nenhuma infração.

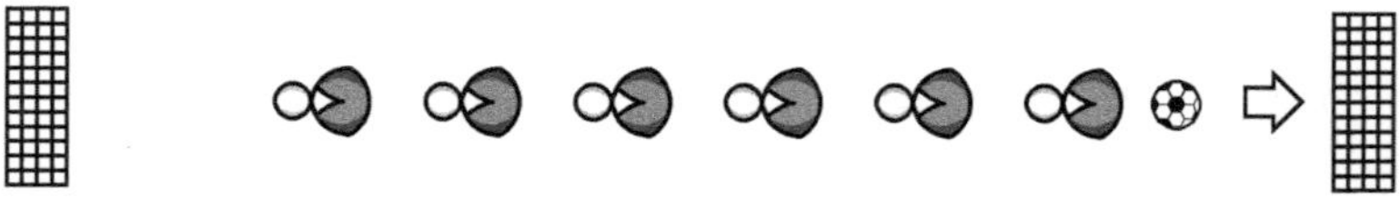

Figura 2.2 – Jogo do chute ou chutegol (Birabol).
Fonte: adaptada de Alves (2014).

2.5.5 Drible e finta

O drible é a ação de se desvencilhar, enganar, iludir, ultrapassar o adversário *com* o domínio ou o controle de bola.

Já a finta é a ação de se desvencilhar, enganar, iludir, ultrapassar o adversário *sem* o domínio ou controle de bola.

Os dribles e as fintas (ressaltando que o que os diferencia é a presença ou ausência da bola) podem ser dos seguintes tipos:

- *Simples*: mudanças curtas e rápidas de direção. Pode ser para a frente, para trás, para a direita ou para a esquerda (*slalon*), em que o jogador fingirá ir em uma direção e optará por outra (no futsal, também é conhecido como *gato, dar o gato*).
- *Com giro*: são ações em que o jogador executa uma rotação com o seu corpo de 90°, de 180°, de 270° ou de 360° diante do seu adversário, tentando "dar as costas" para dificultar a ação de interceptação.
- *De criação*: são as ações diferentes das citadas anteriormente, ou seja, aquelas em que o jogador se destaca pela inovação do movimento, apresentando uma nova forma. Podem-se destacar algumas como: "elástico", "pedaladas", "chapéu", "carretilha", "da vaca", "rolinho", entre outros considerados dribles, pois necessitam da presença da bola. É difícil conceber uma finta de criação, mas lembramos que é previsto que aconteça, até porque nunca podemos duvidar da genialidade e das surpresas que os jogadores podem executar.

Corta-luz também é considerado um drible e uma finta (dependendo de quem está sendo analisado durante a execução). No caso do corta-luz, é mais comum a presença de, pelo menos, dois companheiros da mesma equipe para executar essa ação. Um está de posse da bola (portanto, executando um drible), e o outro sem ela (executando uma finta). O jogador sem a posse de bola tenta ficar à frente de um ou mais adversários, a fim de bloquear e atrapalhar a visão deles, com o objetivo de facilitar a ação do seu companheiro que está com a posse de bola. Esse bloqueio pode ser feito por um ou mais jogadores.

É possível também que o corta-luz seja executado "utilizando" um adversário na ação, ou seja, o jogador percebe que existe algum posicionamento inadequado dos adversários e faz que eles se atrapalhem para que possa manter a posse de bola. Nesse caso, como foi feito por um único sujeito com o domínio da bola, dizemos que foi um drible do tipo corta-luz.

As execuções de um drible ou uma finta assemelham-se à prática da capoeira, um jogo extremamente praticado no Brasil e dele originário, que propicia ao praticante a utilização das "gingas", da "malandragem". Em razão da predominância do uso dos membros inferiores na capoeira,[13] o brasileiro torna-se um jogador diferenciado quando se observa a maneira pela qual executa essas ações.

O drible e a finta são ações com muito valor no futebol europeu, o que faz que muitos atletas brasileiros sejam contratados por esses clubes pelas suas facilidades nessas ações.

2.5.6 Condução de bola

É a ação de carregar, transportar, dirigir, guiar, acompanhar a bola de um ponto a outro da quadra de jogo. A condução de bola, normalmente, é executada com o pé. No entanto, nada impede que a bola seja conduzida com outras partes do corpo, como a cabeça, a coxa, o ombro etc. Caso ocorra com os pés, assim ficam identificadas:

[13] Como a capoeira tem suas origens em solo brasileiro, Daolio (2003) faz referências a essa prática como sendo permitido tocar o oponente com os pés e transfere essa ação para a aceitação do futebol.

- parte lateral interna;
- parte lateral externa;
- parte superior;
- parte inferior;
- parte anterior;
- parte posterior.

A análise da condução de bola também pode ser feita referente à sua:

- trajetória (reta, curva);
- direção (para a frente, para trás, para o(s) lado(s), com mudanças);
- velocidade (rápida, lenta, progressiva, regressiva).

2.5.7 Superfícies de contato

São considerados como superfície de contato o local ou a região do corpo que entra ou está em contato com a bola, de maneira voluntária ou não. Pode-se dividir em:

- *Grande ou de precisão*: regiões que promovem maior segurança e direção na bola. Exemplo: peitoral, parte interna do pé, coxa, testa.
- *Pequena ou de velocidade*: regiões que promovem uma potência mais elevada. Exemplo: bico do pé, peito ou dorso do pé.

A utilização dessas regiões do corpo está diretamente ligada à situação específica do jogo. Cabe aos profissionais aumentarem ao máximo o número de vivências e possibilidades de ambas regiões, a fim de que o jogador possa optar por aquela que for mais eficiente para o momento. O grande repertório motor é responsável pelas diferentes formas de ações e de contatos. Quanto mais participações em atividades diferenciadas que utilizem todas as partes do corpo, maior será o recurso e o desempenho em situações momentâneas do jogo.

2.5.8 Ações específicas do goleiro

Em razão das mudanças nas regras do jogo de futsal, atualmente, os goleiros, além de exercerem suas específicas funções de defesa da meta, têm também de executar praticamente todas as ações que os jogadores de linha realizam, visto que, em grande parte das equipes, utiliza-se o goleiro fora de sua área de meta. Algumas equipes usam o jogador de linha como goleiro, para atuar em situações do jogo nas quais há uma busca rápida por um resultado positivo. Observamos, nesses casos, que são inúmeras movimentações e situações de posicionamento na quadra para que a equipe que executa o ataque possa contar estrategicamente com um jogador de linha a mais, no caso, o "falso" goleiro. Contudo, existem ações específicas que só o goleiro pode executar.

Controle de bola ou defesa

- *Parada da bola que rola pelo chão*: ação de deter a bola quando ela está em contato com o solo.
- *Parada da bola a meia altura*: ação de deter a bola quando ela está na altura da cintura.
- *Parada da bola alta*: ação de deter a bola quando ela está acima da linha da cintura.

- *Mergulho*: ação de deter a bola quando estiver em desequilíbrio. Esse tipo de ação pode ser em direção ao solo ou não.
- *Amortecimento da bola*: ação de conter a bola sem perda de contato, ou seja, sem espalmar ou rebater deixando-a próxima ao corpo.

Arremesso (ação de enviar a bola a um companheiro)

- *Com as mãos*: pode ser executado com uma ou com as duas mãos, dependendo do objetivo. O membro superior pode estar flexionado a 90° ou estendido.
    - *Aspectos anatomofisiológicos presentes nessa ação*:
        - *Articulações*: ombro, cotovelo e punho.
        - *Ossos*: úmero, rádio, ulna, carpo, metacarpo e falanges.
        - *Músculos*: bíceps, tríceps, trapézio e deltoide.
        - Fisiologicamente, potência anaeróbia aláctica de membros superiores.
    - *Aspectos biomecânicos presentes nessa ação*: a alavanca utilizada nesse movimento é considerada "interpotente", na qual estão interligados a força potente, a força resistente e o ponto de apoio.

O arremesso pode ser curto, médio ou longo, de acordo com a distância do local que o goleiro deseja que a bola alcance.

- *Com os pés*: neste caso, o arremesso assemelha-se ao chute ou ao passe. Pode ter um dos seguintes objetivos: um companheiro; um espaço vazio/ponto futuro; ou lugar nenhum (passe); ou o gol adversário (chute).

Colocação no gol

Ao se posicionar para entrar em ação durante uma jogada, ou, até mesmo, para ficar em constante ação durante o jogo, o goleiro necessariamente estará envolvido por alguns quesitos que dependem de sua intervenção para eficiência. São eles:

- *Atenção*: quando vislumbra as ações gerais que estão acontecendo no jogo.
- *Olhar a bola*: quando vislumbra as ações específicas das trajetórias que a bola percorre na quadra de jogo e possivelmente a trajetória que vai seguir.
- *Deslocamento*: ações de movimentação executadas em função da circulação da bola no transcorrer do jogo.
- *Saída de gol*: defensiva (ações com a intenção de diminuir o espaço e a visão do adversário em relação à sua meta) ou ofensiva (ações com a intenção de participar da movimentação da equipe, com a finalidade de atacar o adversário). A ação ofensiva do goleiro tem o objetivo de acrescentar um jogador a mais atacando e buscando um desequilíbrio defensivo do adversário.
- *Orientações*: ações verbais que o goleiro destaca, a fim de ajudar o posicionamento dos seus companheiros em determinadas situações. Essas verbalizações acontecem porque o goleiro se encontra em uma posição privilegiada em relação aos outros participantes do jogo.
- *Outras intervenções*:
    - *Rebater*: ação de rechaçar a bola, fazendo que ela permaneça em jogo. Pode ser executada predominantemente com o(s) punho(s) ou a(s) palma(s) da(s) mão(s) ou com outra parte qualquer do corpo.

- *Desviar*: ação de alterar a trajetória da bola, com a intenção de direcioná-la para fora de uma das quatro linhas da quadra de jogo. Pode ser executada predominantemente com o(s) punho(s) ou a(s) palma(s) da(s) mão(s) ou com outra parte qualquer do corpo.

Regras envolvendo o goleiro

- Qualquer jogador reserva poderá substituir o goleiro.
- Qualquer jogador de linha poderá trocar de posição com o goleiro, mas deve usar uma camisa da mesma cor da camisa do goleiro da sua equipe e manter o número que ele usava quando estava como jogador de linha.
- Não será válido um gol feito pelo goleiro diretamente de um arremesso de meta ou outro arremesso realizado com as mãos.
- Será válido gol por qualquer outro tipo de ação realizada pelo goleiro usando os pés, a cabeça ou qualquer parte do corpo que não seja as mãos ou os braços e os antebraços.
- O goleiro não pode ficar com a bola nas mãos dentro de sua área penal ou em sua meia quadra de jogo por mais de 4 segundos.
- O goleiro não pode tocar a bola com as mãos dentro de sua área penal se ela foi passada para ele intencionalmente por um jogador de sua equipe (com qualquer parte do corpo).
- Após cobrar um arremesso de meta, o goleiro não poderá receber a bola novamente na quadra de defesa sem que ela tenha sido tocada por um jogador da equipe adversária.

2.5.9 Ações coletivas da modalidade

Concebemos ações coletivas como sendo as movimentações ordenadas, preestabelecidas e treinadas a fim de se aproveitar da maneira mais eficiente o potencial individual de cada um no grupo, quanto à intervenção e à participação no jogo de forma coletiva. Esses procedimentos dependem diretamente dos conhecimentos técnicos e táticos do treinador, das habilidades técnicas individuais de cada atleta e da adequação e interligação desses quesitos. As ações coletivas só terão sucesso e eficácia se estiverem adequadas aos potenciais individuais. Essas ações são a efetiva utilização da técnica durante o jogo, podendo ser um conjunto de comportamentos e de movimentações individuais que servem para ser usado da melhor forma, as características individuais, dentro do coletivo.

Para Fernandes (2004), a tática é estruturada em componentes de atividades intelectuais, psíquicas e físicas. Sua divisão é feita em: tática individual ofensiva, tática individual defensiva, tática de bola parada, condições externas, tática de posição, tática de jogo coletivo e sistemas táticos. Bauer e Uberle (1998) destacam que o êxito no desempenho tático depende das seguintes capacidades:

- capacidades sensoriais, como visão central e periférica, sentido espacial e sentido cinestésico;
- capacidades cognitivas, como inteligência de jogo, capacidade mental de adaptação e de aprendizagem;
- capacidades psíquicas, como segurança própria, equilíbrio, tranquilidade e resistência ante o estresse;
- habilidades motoras, como destrezas técnicas, condição física, capacidade para o jogo complexo, capacidade motriz de adaptação e coordenação.

Podemos acrescentar alguns fatores que influenciam na tática de jogo como o adversário, as condições técnicas, a condição física, os aspectos psicológicos, as situações ocorridas durante a partida (gols de vantagem ou de desvantagem, expulsão, posicionamento na quadra), dimensões da quadra, regras, regulamento da competição, entre outras.

Instabilidade, variabilidade e imprevisibilidade são componentes para a execução de ações motoras no jogo futsal. A utilização de diferentes fundamentos não prediz a capacidade de desempenho de um jogador ou da equipe. Cada atleta precisa atuar de forma cooperativa e inteligente para o sucesso do empreendimento coletivo (Daolio, 2002; Ré, Corrêa e Böhme, 2010).

Há características e componentes para a realização e para o cumprimento de estratégias coletivas. De forma objetiva, o futsal é representado por soluções rápidas de problemas que poderão ou não, estar alicerçados em diferentes formas de treinamento e metodologias. Assim, destacamos, a seguir, alguns componentes práticos das ações coletivas.

- *Sistema de jogo*: é a forma de atuação da equipe quando se trata da distribuição ordenada dos jogadores dentro da quadra de jogo. É o desenho formado pelos jogadores na quadra, como se fosse a pintura de um "quadro" com vista superior da quadra. Os "desenhos" mais comuns são:
    - 3 × 1;
    - 2 × 2;
    - 2 × 1 × 1;
    - 1 × 2 × 1;

- rodízio com três;
- rodízio com quatro;
- casinha;
- 4 em linha;
- 1 × 2 × 2 (goleiro-linha).

O sistema utilizando o "goleiro-linha" é um dos mais praticados, principalmente quando uma equipe está em desvantagem no placar, e o tempo de jogo está se esgotando. Grandes equipes treinam e usam esses jogadores flutuando em diversas posições de ataque, até mesmo passando na posição de pivô.

- *Tática de jogo*: são as movimentações planejadas dos jogadores dentro do sistema de jogo. Podem ser ofensivas ou defensivas, a depender da situação e do momento do jogo. A tática é o "desenho" em movimento, como um vídeo, um filme daquilo que pode ser possível de acontecer. Por ser um jogo de muita movimentação e alternância de resultados, a tática no futsal é extremamente mutável em busca de melhores desempenhos e *performances*.
- *Padrão de jogo/movimentação*: ações executadas com a finalidade de manter a posse de bola. Essas ações normalmente são utilizadas com jogadores em início de trabalho, a fim de tomarem contato com posicionamentos e deslocamentos mais simples. As mais comuns são o redondo, o quadrado, a diagonal, a quebra de meio, a trança ou o oito. Nesse contexto, as movimentações são fundamentais, com o objetivo de mudanças de posições organizadas e, muitas vezes, automatizadas, para que não

haja uma perda de sincronismo com as movimentações elaboradas e estruturadas.

- *Manobras (jogadas ensaiadas)*: são movimentações esquematizadas com o intuito de aproveitar uma situação pontual do jogo, em que a bola pode ter origem em um momento específico de bola fora do jogo ou parada (tiro lateral, tiro de canto, tiro livre, saída de jogo no início da partida) ou de uma bola em jogo ou em movimento (rodízio, arremesso de meta). O treinador prevê uma dessas possíveis situações de jogo e formula uma movimentação de seus jogadores, a fim de aproveitar melhor o momento. As manobras requerem uma exigência cognitiva extrema e devem ser treinadas diariamente, para que os posicionamentos sejam corrigidos e, até mesmo, ressaltados nas situações diversas do jogo, com ou sem bola parada.

2.6 Pedagogia do Esporte

Uma das principais preocupações da Pedagogia do Esporte é o estudo sistemático dos processos de ensino e aprendizagem relacionados aos esportes. Essa área é originária da Pedagogia e da Ciência do Desporto, apresentando tanto a função de desenvolver perspectivas pedagógicas, como de direcionar o sentido do desporto para a formação e a educação do ser humano, aponta Bento (1995, 2006).

As tendências da Pedagogia dos Esportes indicam metodologias que pretendem desenvolver de modo eficaz os domínios técnicos e táticos no contexto da ação, promovendo um equilíbrio no tratamento pedagógico entre os aspectos metodológicos (técnicas e táticas), e os aspectos socioeducativos (valores, comportamentos e atitudes).

De acordo com Reverdito, Scaglia e Montagner (2013), a Pedagogia dos Esportes pretende transcender a simples repetição de movimentos, orientando para a formação de indivíduos conscientes, críticos e reflexivos. Somado a isso, ainda existe um compromisso com o ensinar, com a transformação e com a autonomia do indivíduo, em que o processo deve ser estabelecido em razão do sujeito que pratica, valorizando sua cultura corporal e social, de acordo com os pilares da diversidade orientada para todos.

Barbanti (2002) acrescenta que a Pedagogia do Esporte é direcionada a oferecer os fundamentos teóricos para a prática dos esportes, com o objetivo de melhorar o desenvolvimento do homem e de enriquecer a qualidade de vida, sendo uma área acadêmica de estudo que focaliza as intervenções educacionais no domínio do esporte e do movimento humano.

A Pedagogia do Esporte deve atribuir ao esporte um aspecto educativo, enfatizando o desenvolvimento global do indivíduo e utilizando o jogo como agente facilitador desse processo (Oliveira e Paes, 2004), e seu objetivo, conforme Bento (1995, p. 205), é: "circunscrever os processos de educação e formação do homem no e através do desporto".

Modalidades esportivas coletivas, como é o caso do futsal, são caracterizadas por se desenvolverem em grupo e, em essência, por momentos de ataque e de defesa, nos quais se estruturam na disputa duas equipes, com enfoque na organização técnica e tática, de acordo com as regras preestabelecidas institucionalmente.

Para facilitar o entendimento das modalidades esportivas coletivas, tomamos como referencial Bayer (1994) que as agrupa, por identificar seis invariantes. São elas: a bola ou algum implemento similar; um espaço ou um local de jogo; companheiros de equipe com os quais se joga; adversários; um alvo a ser atingido (que também será defendido); e as regras específicas.

Essas invariantes determinam uma categoria chamada por Bayer (1994) de *esporte coletivo* ou *jogo esportivo coletivo*, pois permite vislumbrar estruturas semelhantes de jogo.

Por se tratar de um jogo coletivo, com objetivo de ora atingir o alvo, ora protegê-lo, Bayer (1994) apresenta seis princípios operacionais comuns que se dividem em dois grupos, de ataque e de defesa. Para o ataque, o autor define como conservação individual e coletiva da bola (ou implemento); progressão da equipe e da bola (ou implemento) em direção ao alvo adversário e finalização da jogada para obtenção do ponto. Para a defesa, apresenta a recuperação da bola (ou implemento); impedir o avanço da equipe adversária e da bola (ou implemento) em direção ao próprio alvo e à proteção do alvo, impedindo que haja finalização da jogada.

De maneira geral, o futsal é um esporte coletivo, que faz parte de um sistema caracterizado por fatores como equilíbrio e desequilíbrio, ordem e desordem, organização e interação, imprevisibilidade e aleatoriedade, que, no jogo, fazem que uma equipe tente evitar a progressão das ações da adversária e vice-versa, sinalizam Reverdito e Scaglia (2007).

Cada modalidade esportiva é caracterizada basicamente por técnicas e táticas que o praticante usa durante o transcorrer da atividade. Às técnicas e às táticas são somados regras, espaços e materiais peculiares a cada uma.

O treinamento de uma técnica, em qualquer modalidade esportiva, faz-se necessário para que seja utilizada de forma eficiente quando solicitada durante um jogo. Por isso, Freire (1998) sugere que o processo de ensino deve ser mais importante do que a aprendizagem dos gestos esportivos, devendo entender os princípios básicos de: ensinar esportes; ensinar esportes bem a todos; ensinar mais que esportes a todos; ensinar a gostar de esportes.

Ao iniciar um trabalho de futsal com crianças, Bompa (2002) sugere elaborar atividades que desenvolvam habilidades multilaterais, como corrida, saltos, movimentos de arremessar, chutar, rebater e rolar, pois essas habilidades motoras fundamentais servirão de alicerce para que as crianças tenham sucesso na aprendizagem de habilidades específicas ou esportivas.

2.7 Lesões mais comuns no futsal

O futsal é um esporte de contato e tem utilizado muito a ciência para a preparação física dos atletas. Por conseguinte, há possibilidades efetivas de ocasionar lesões em seus praticantes, independentemente do nível, seja com profissionais, com crianças, com idosos ou com pessoas com deficiência. A fim de estar alerta aos percalços da modalidade, elencamos, a seguir, algumas lesões consideradas mais comuns para a modalidade.

- *Fratura*: rompimento ou quebra de um osso. Pode ser exposta ou fechada. Normalmente, atinge a tíbia ou fíbula.

- *Fissura*: rompimento parcial do osso. Normalmente, atinge a tíbia ou a fíbula.
- *Luxação*: é o deslocamento de um ou mais ossos de uma articulação. Acontece quando uma força atua direta ou indiretamente em uma articulação, empurrando o osso para uma posição anormal. Mais comum em tornozelos.
- *Entorse*: torção de uma articulação, provocando ruptura parcial dos ligamentos da articulação. Mais comum no tornozelo.
- *Ruptura*: rompimento das fibras musculares. São mais comuns nas regiões anterior e posterior da coxa.
- *Contratura*: tensão muscular causada por uma pancada no músculo. Normalmente, ocorre a chamada "paulistinha", no terço medial lateral da coxa.
- *Ferida*: solução de continuidade dos tecidos. Podem ser: incisas (instrumentos cortantes), contusas (instrumentos contundentes) ou abrasão (pele raspa o solo).
- *Hemorragia*: perda de sangue, podendo ocorrer lesões no vaso sanguíneo. Pode ser interna ou externa. A mais comum é a nasal.

Vale ressaltar que qualquer tipo de atendimento, em caso de alguma emergência na quadra de futsal, seja num jogo oficial, num treino ou numa aula, deve ser feito por pessoas habilitadas em primeiros socorros. Essa habilitação se dá mediante a conclusão de cursos específicos desta área, por exemplo, o curso de socorrista. Lembramos que o profissional de Educação Física, com em Licenciatura e/ou Bacharelado, não tem habilitação para fazer primeiros socorros.

3 • Reflexões

3.1 O crescimento constante da modalidade

No Brasil, há um bom tempo, o futebol pode ser considerado o fenômeno mais importante diante dos fenômenos menos importantes de nossa sociedade.[14] Para comprovar essa questão, basta ir até uma banca de jornal e observar as manchetes dos principais jornais de grande circulação: percebe-se a presença constante de notícias relacionadas a esse esporte. A internet também endossa essa tese. Se colocarmos a palavra *futebol* em *sites* de busca, teremos milhões de resultados com endereços para visita. Ressalta-se que, ainda que a busca seja restrita a *sites* no Brasil, esse número também é muito expressivo. Se a palavra no mecanismo de busca

[14] Saúde, educação, moradia, transporte, emprego e segurança, entre outros, fazem parte dos fenômenos considerados importantes para nossa sociedade.

for *futsal*, o número de *sites* também atinge a marca de milhões de resultados, inclusive no Brasil. Esses locais de armazenamento de informações, tanto sobre futebol quanto sobre futsal, aumentam de modo constante.

Ainda em relação a valores, os melhores[15] jogos dos campeonatos mundiais de futebol têm transmissão para cerca de 3,57 bilhões (Agência Estado, 2018) pessoas espalhadas por todo planeta. Quanto a publicações, em todas as feiras de livros, quase que regularmente, acontecem lançamentos de obras relacionadas ao futebol, com discussão de regras, de técnicas, de táticas, com histórias, com biografias, com clubes, com contos, incluindo, até mesmo, ficção.

Existe um grande número de pessoas que vive e depende direta ou indiretamente desse produto chamado futebol. Além disso, vemos que, a cada dia, surge uma nova profissão ligada a esse esporte. Como exemplo, temos empresários de jogadores (que, há algum tempo, não existiam), assessores de *marketing* e de imprensa, estatísticos, analistas de desempenho, "olheiros", os gerentes de imagem, entre outros. Sem contar as torcidas organizadas, que movimentam um grande número de profissionais para manter suas atividades.

Essa obsessão pelo futebol não é recente. Os envolvimentos com esse esporte têm sua origem antes de toda a rede atual que se formou diante dessa modalidade, em especial na vertente política,

[15] Os melhores jogos são considerados aqueles que envolvem seleções de grande tradição nesse esporte e com possibilidade de serem vencedoras. Algumas seleções, como Alemanha, Argentina, Brasil, Espanha, Inglaterra, França, Itália e, mais recentemente, Japão e Coreia têm um grande número de aficionados em todo o mundo.

que ainda se utiliza dele para enaltecer ou obscurecer seus feitos, pois, como afirmava o falecido jornalista e escritor Carlos Heitor Cony (1994, p. 2), "O futebol ainda é a melhor metáfora do Brasil como um todo".

Nos últimos tempos, temos visto que muitas notícias do futebol não abordam sobre seus verdadeiros ídolos: os atletas. As informações desviam seu foco para os dirigentes, os advogados, os técnicos e as namoradas, esquecendo-se de que o principal artista desse espetáculo é o jogador. Sem os jogadores, o jogo de futebol não existe, a competição morre. No Brasil, temos muita facilidade em "produzir" ou "criar" ídolos para, depois, esquecê-los e evitá-los, como mostra nossa história. Por isso, diante dos muitos atletas[16] de futsal que já atuaram nas quadras nacionais e internacionais, faz-se necessário render homenagem e destacar dois grandes nomes que ajudaram a expandir a modalidade pelo Brasil e pelo mundo: Manoel Tobias e Falcão.

Manoel Tobias da Cruz Júnior, mais conhecido simplesmente por Manoel Tobias, é um dos atletas mais completos do futsal brasileiro. Nascido na cidade de Salgueiro, em Pernambuco, no ano de 1971, é considerado o "Rei do Futsal" por grande parte da crítica esportiva de todo Brasil. Iniciou sua carreira em 1984, nas categorias de base da Associação Atlética Bandepe, em Recife (PE). Dois anos mais tarde, foi jogar no Clube Náutico

---

[16] Alguns atletas que se destacaram por sua atuação na modalidade (por ordem alfabética) e se tornaram conhecidos no meio esportivo, contribuindo com o futsal de alguma forma: Douglas (Douglas Pierrot), Fininho (Paulo Sérgio Lira Góes), Jackson (Jackson João B. M. Santos), Morruga (Eduardo Valdez Basso), Pança (Marcelo Pazzini) e Vander (Vander Iacovino).

Capibaribe, no qual ficou até 1988. Participando, ainda nessa época, do futebol de campo e do futebol de salão. Em 1989, Manoel Tobias optou por jogar apenas futebol de salão, fazendo parte da equipe do Candeias Clube de Turismo, em Curitiba. Com muito talento e habilidade peculiar, abriram-se as portas para o seu primeiro clube de alto nível na modalidade, o SER Votorantim, em Pernambuco, no ano de 1990. Nesse mesmo ano, com apenas 18 anos de idade, foi convocado pela primeira vez para a Seleção Brasileira, que defendeu por 12 anos, conquistando dois títulos mundiais e sete títulos na Copa América. Durante sua carreira, atuou em grandes clubes, como Vasco da Gama, Grêmio, Atlético Mineiro, Malwee, Internacional/Ulbra, conquistando muitos títulos. Manoel Tobias encerrou a carreira de jogador em 2007 (ClicRBS, 2007; Equipe Ludopédio, 2014; GP1, 2011; Projeto Futsal Sesc, 2018).

Falcão é outro grande nome do futsal brasileiro e mundial. Apelidado quando criança de Falcãozinho, por causa da semelhança que tinha com seu pai (também conhecido como Falcão), nasceu em 1977, com o nome de Alessandro Rosa Vieira. Aos poucos, teve o apelido de Falcão incorporado e consolidado como sua marca. Começou a jogar futsal em São Paulo, no Clube Guapira, em 1991, sendo transferido para o Corinthians, em 1992, clube que, em razão do seu destaque, deu a ele a oportunidade de ser convocado para a Seleção Brasileira, conquistando dois títulos mundiais em 2008 e em 2012. Foi eleito em 2004, em 2008, em 2011 e em 2012 o melhor jogador de futsal do mundo, título a ele concedido pela Fifa. Falcão aventurou-se no futebol de campo no ano de 2005, atuando pelo São Paulo Futebol Clube,[17] mas logo retornou para as quadras, seu grande *habitat*. Atuou por grandes equipes, como GM/Chevrolet, Atlético Mineiro, Santos FC, Banespa, Malwee/Jaraguá, ADC Intelli Orlândia, Brasil Kirin/Sorocaba, Magnus Futsal/Sorocaba, sempre com a camisa 12 (Falcão, 2012). Falcão encerrou a carreira de jogador em 2018.

O Brasil, ao mesmo tempo que faz uma grande renovação no futsal, o que implica termos uma seleção nacional sempre em destaque no cenário internacional, não consegue absorver essa grande demanda de atletas que surgem no âmbito nacional. Poucos são os clubes, as empresas e, até mesmo, as instituições de ensino que investem na manutenção de equipes de competição. Esse fato cria uma enorme fuga de atletas de futsal para países que conseguem absorvê-los em seus clubes e, consequentemente, usam desse artifício para serem utilizados, muitas vezes, em suas seleções nacionais após a sua naturalização.

A revista *Isto É* (Nascimento, 2006) contabilizou 424 jogadores brasileiros atuando na Espanha e mais de 70 na Itália, somando-se ainda 16 na Bélgica, 16 na Rússia, 15 em Portugal e 4 no Cazaquistão. Ressalta-se que muitos desses atletas atuam em situação irregular, ou seja, sem o atestado liberatório da Confederação Brasileira de Futsal (CBFS). Infelizmente, há muitos casos de atletas brasileiros que, por falta de opção no Brasil, emigram para

---

[17] No ano em que Falcão atuou no futebol de campo, o técnico do São Paulo Futebol Clube era Emerson Leão. Os torcedores, querendo ver as jogadas maravilhosas – e, até certo ponto, mágicas – de Falcão transferidas do futsal para os gramados, gritavam constantemente das arquibancadas: "Leão, coloca o Falcão!".

esses e outros países de forma irregular e ilegal. No mundial da Colômbia em 2016, tivemos 22 jogadores e 3 técnicos nascidos no Brasil que atuaram em seleções de outros países.

Somente com a criação e a implantação de uma política de esportes coesa, séria e com profissionais capacitados seríamos capazes de evitar essa fuga. Sabemos que isso não ocorre somente com o futsal. Outras modalidades, sobretudo as coletivas, sofrem essa mesma perda. Essa perda é irreparável, visto que, quando um atleta brasileiro atua por uma seleção de outro país, fica proibido de atuar pela nossa seleção nacional.

3.2 A Educação é um bom caminho

Acreditamos que a escola de educação básica pode ser um excelente local para apresentação, prática, experimentação e divulgação de modalidades esportivas, pois vemos que grande parte dos alunos tem apenas o espaço escolar como única possibilidade de prática de atividades físicas organizadas. As aulas regulares de Educação Física Escolar (entende-se essas aulas como aquelas obrigatórias, que estão na grade curricular) não devem, de forma alguma, utilizar seus espaços para descobrir talentos, nem treinar equipes, tampouco formar atletas. Quando isso ocorre, esse componente curricular perde sua especificidade educacional e, consequentemente, diminui sua importância no contexto da formação global do indivíduo.

A Educação Física Escolar vem perdendo seu espaço e sua importância no contexto educativo em razão de uma inadequação de propostas e de conteúdos que efetivamente são aplicados e não têm significado para os alunos. A área deveria ser pautada em propostas que visem, entre outros aspectos, tornar o aluno um indivíduo que pratique atividade física regular, ou seja, criar o hábito dessa prática por meio de estratégias que sejam aceitas pelos alunos, não por serem obrigatórias ou porque serão mensuradas por uma nota de participação ou de desempenho, mas, sim, para que possam ser praticadas de uma forma prazerosa. Essas práticas não necessariamente precisam ser esportivas, pois existem outras atividades, por exemplo, a dança, a ginástica, entre outras.

As aulas de Educação Física Escolar deveriam aumentar o rol de propostas (sobretudo das modalidades esportivas), e não apenas se restringir às quatro modalidades coletivas de quadra com bola: basquete, futsal, handebol e voleibol, como tem ocorrido com frequência. Se as propostas ficarem assim restritas, apenas uma parcela dos alunos será beneficiada com as atividades, pois não são todos alunos que gostam ou têm vontade de aprender e de praticar essas modalidades, em particular quando o referencial dessas práticas for o de alto rendimento. Sugerimos ampliar esse leque esportivo, incluindo outras possibilidades de atuação prática além das modalidades esportivas individuais (como atletismo, ginástica, lutas, esportes com raquete, radicais e de aventura), por exemplo, danças, as ginásticas e a recreação, que também podem ser excelentes ferramentas de trabalho (Alves, 2014).

Quanto mais restritas forem as propostas de aula, menos alunos terão acesso à prática, o que levaria a um público inativo em potencial e, por conseguinte, sedentário. Atualmente, esse sedentarismo é considerado como uma das manifestações que mais geram gastos públicos na saúde, visto que muitas doenças são oriundas dessa situação, por exemplo, as doenças cardíacas, vasculares, pulmonares, ósseas, articulares e, em especial, a obesidade. Esta assusta e preocupa grande parte de nações do chamado primeiro mundo, como é o caso dos Estados Unidos.

Concebemos que o sedentarismo[18] deve ser combatido, e a Educação Física Escolar deve ser, com todo seu potencial, uma grande aliada nesse combate, caso utilizem suas ferramentas de forma mais abrangente, com o intuito de diminuir os índices estatísticos desse quadro.

Completando essa ideia, acreditamos que o esporte pode ser utilizado na escola como forma de treinamento, desde que fora dos horários de aula de Educação Física regular, ou seja, sem obrigatoriedade. Aumentando-se as propostas nas aulas de Educação Física, aumenta-se a quantidade de alunos que terá a possibilidade de incluir no seu tempo diário a prática de alguma atividade (esportiva ou não), a fim de que se crie o hábito da prática regular.

O esporte pode ser encarado de duas ópticas: o esporte *institucional* e o *não institucional*. O esporte *institucional* é aquele vinculado às instituições organizadoras que o comandam e fazem

---

[18] Sedentarismo é o termo usado para designar o estilo de vida moderno, no qual o ser humano, em razão do grande avanço tecnológico, precisa de pouco esforço físico (ou de quase nada) para conseguir meios necessários para a manutenção da vida. Essa situação de vida está ligada, ao mesmo tempo, a um consumo de alimentos antes inexistentes na história da humanidade, como os hipercalóricos (produtos industrializados), causando sobrepeso nas pessoas. A conjunção de pouco ou nenhum esforço físico com o consumo contínuo de alimentos hipercalóricos ocasiona sérios problemas de saúde. Esse modo de vida, portanto, seria altamente prejudicial à saúde, já que o homem precisa colocar em funcionamento e exercitar suas células, seus tecidos, seus órgãos e seus sistemas, a fim de evitar doenças e atrofias.

seu gerenciamento, isto é, aplicam e criam as regras do jogo, determinam posturas e intervenções. Nesse tipo de esporte, poucos podem ter acesso à prática, pois dependem de um trabalho prévio de adaptação às rígidas normas e de regras já estabelecidas, somadas ao espaço e ao material específico. Já no esporte *não institucional*, o grupo que vai praticar alguma modalidade esportiva decide como será praticado.

Pensamos que as aulas de Educação Física Escolar, com gerenciamento e organização do professor, devem transformar, adequar e adaptar o esporte institucional de acordo com interesses, limites, potenciais, gostos e afinidades dos alunos que compõem os diferentes grupos, a fim de sintonizar as propostas com os níveis de atuação de cada um. De nada adianta, numa aula de Educação Física regular utilizar o esporte institucional (com todas as suas regras e restrições) se essa vertente do esporte não possibilitará a participação de todos os alunos. Entretanto, se o professor de Educação Física Escolar fizer as adequações e adaptações do esporte institucional para o educacional com base em partir de sua realidade (local para aula, número de alunos, material disponível, tempo de aula, interesse dos alunos, objetivos da área etc.), é provável que possibilite a uma grande parte dos alunos a participação na atividade em nível prático.

Criar jogos, brincadeiras e atividades que igualem o nível de solicitações motoras, tanto para os mais habilidosos quanto para os menos, para promover uma prática saudável e prazerosa, deve ser uma preocupação dos profissionais da área. As aulas na escola (não só as de Educação Física) são para todos os alunos, independentemente do sexo, das condições físicas, motoras, psíquicas, culturais, sociais, emocionais, econômicas ou religiosas.

Ressaltamos que não são todos os alunos que gostam ou sentem prazer nos treinamentos ou na participação em campeonatos, fato que não exclui a possibilidade de esses alunos praticarem alguma atividade física ou esportiva visando à saúde ou à recreação, e não com enfoque restrito à competição, para ter bons resultados.

Entendemos que o futsal pode ser um excelente meio para diminuir esses altos índices de sedentarismo, desde que seja utilizado nas aulas regulares de Educação Física Escolar como um conteúdo próprio, de preferência, de modo *não institucional*, como uma manifestação cultural ou, ainda, como forma de prática fora do horário de aula regular para treinamento ou recreação. Negar essa modalidade dentro da escola seria negar uma possibilidade de discussão sobre qualquer tema da nossa sociedade, pois compreendemos o futebol – e, por extensão, o futsal – como um desencadeador de reflexões sobre inúmeros contextos. José Lins do Rego (*apud* Murad, 2018, p. 202) tem uma frase que endossa essa ideia: "O conhecimento do Brasil passa pelo futebol".

Finalizamos fazendo nossas as palavras de Rubem Alves (2006, p. 10) quando fala sobre futebol:

> O futebol não merece ser levado tão a sério. Ele deve ser levado a riso. Se levado muito a sério, o futebol provoca fanatismo, e o riso e a alegria se transformam em raiva e violência.

E fico sonhando com a possibilidade de se transferir um pouco do entusiasmo do futebol para as coisas sérias da vida. Há muitas causas que precisam da paixão que anima os torcedores.

Referências

AGÊNCIA BRASIL. *Esporte mais praticado no Brasil, futsal pode estar no Pan Rio 2007*. 26 jul. 2003. Disponível em: <http://memoria.ebc.com.br/agenciabrasil/noticia/2003-07-26/esporte-mais-praticado-no-brasil-futsal-pode-estar-no-pan-rio-2007>. Acesso em: 01 ago. 2017.

AGÊNCIA ESTADO. China faz Copa de 2018 ter audiência recorde de 3,5 bilhões de pessoas. 21 dez. 2018. Disponível em: <https://www.otempo.com.br/superfc/futebol/china-faz-copa-de-2018-ter-audiencia-recorde-de-3-5-bilhoes-de-pessoas-1.2083563>. Acesso em: 05 ago. 2019.

ALVES, R. *Futebol levado a riso*: lições do bobo da corte. Campinas:Verus, 2006.

ALVES, U. S. *Educação física escolar*: uma abordagem ampliada do esporte. São Paulo: Avercamp, 2014.

ALVES, U. S. *Inteligências*: percepções, identificações e teorias. São Paulo: Vetor, 2002.

APOLO, A. *Manual técnico didático de futsal*. São Paulo: Scortecci, 1995.

ÅSTRAND, P.; RODAHL, K. *Tratado de fisiologia do exercício*. Rio de Janeiro: Guanabara, 1986.

BARBANTI, V. J. *Treinamento físico*: bases científicas. 3. ed. São Paulo: CLR Balieiro, 1996.

BARBANTI, V. J. *Dicionário da educação física e do esporte*. 2. ed. São Paulo: Manole, 2002.

BAUER, G.; UBERLE, H. *Fútbol*: factores de rendimiento, dirección de jugadores y del equipo. Barcelona: Martínez Roca, 1988.

BAYER, C. O. *O ensino dos deportos colectivos*. Lisboa: Dinalivro, 1994.

BELLO, N. A *ciência do esporte aplicada ao futsal*. Rio de Janeiro: Sprint, 1998.

BENTO, J. O. Da pedagogia do desporto. In: TANI, G.; BENTO, J. O.; PETERSEN, R. D. S. *Pedagogia do desporto*. Rio de Janeiro: Guanabara Koogan, 2006. p. 26-40.

BENTO, J. O. *O outro lado do desporto*: vivências e reflexões pedagógicas. Porto: Campo das Letras, 1995.

BOMPA, T. O. *Periodização*: teoria e metodologia do treinamento. 4. ed. São Paulo: Phorte, 2002.

BOURDIEU, P. Como é possível ser esportivo? In: BOURDIEU, P. *Questões de sociologia*. Rio de janeiro: Marco Zero, 1983.

CLICRBS. *Jogo festivo marca despedida de Manoel Tobias das quadras*. 23 dez. 2007. Disponível em: <http://www.clicrbs.com.br/especial/sc/qualidade-de-vida-sc/19,0,1716788,>. Acesso em: 05 ago. 2019.

COMITÊ OLÍMPICO DO BRASIL (COB). *CBFS*: Confederação Brasileira de Futebol de Salão. 12 ago. 2016. Disponível em: < https://www.cob.org.br/pt/confederacoes/CBFS>. Acesso em: 01 ago. 2019.

CONY, C. H. Overdose de Copa. *Folha de S.Paulo*, ano 74, n. 12455, 15 jun. 1994. Opinião. p. 2. Disponível em: <https://www1.folha.uol.com.br/fsp/1994/6/15/opiniao/6.html>. Acesso em: 29 jul. 2019.

DANTAS, E. H. M. *Flexibilidade, alongamento e flexionamento*. 5. ed. Rio de Janeiro: Shape, 2005.

DAOLIO, J. *Cultura*: educação física e futebol. 2. ed. Campinas: Editora da Unicamp, 2003.

DAOLIO, J. *Educação física e o conceito de cultura*. Campinas: Autores Associados, 2004.

DAOLIO, J. Jogos Esportivos Coletivos: dos princípios operacionais aos gestos técnicos – modelo pendular a partir das ideias de Claude Bayer. *Rev. Bras. Ciên. e Mov.*, Brasília, v. 10, n. 4, p. 99-103, 2002.

DILASCIO, F. Futsal globalizado: Mundial terá 25 brasileiros defendendo outros países. *Globo Esporte*, Rio de Janeiro, 07 set. 2016. Disponível em: <http://globoesporte.globo.com/eventos/futsal/noticia/2016/09/futsal-globalizado-mundial-tera-25-brasileiros-defendendo-outros-paises.html>. Acesso em: 01 ago. 2019.

DUARTE, O. *Enciclopédia*: todas as Copas do Mundo. São Paulo: Makron Book, 1998.

ELIAS, N.; DUNNING, E. *A busca da excitação*. Lisboa: Memória e Sociedade, 1992.

EQUIPE LUDOPÉDIO. Manoel Tobias. *Ludopédio*, 8 out. 2014. Disponível em: <https://www.ludopedio.com.br/entrevistas/manoel-tobias/>. Acesso em: 05 ago. 2019.

FALCÃO 12. *Carreira*. 28 nov. 2012. Disponível em: <https://www.falcao12.com/carreira/>. Acesso em: 30 jul. 2019.

FEDERAÇÃO MINEIRA DE FUTSAL. *Futsal*. 18 jun. 2009. Disponível em: <http://www.fmfutsal.org.br/futsal/>. Acesso em: 01 ago. 2019.

FERNANDES, J. L. *Futebol*: da "escolinha" de futebol ao futebol profissional. São Paulo: EPU, 2004.

FERREIRA, A. B. H. *Novo dicionário Aurélio da língua portuguesa*. 2. ed. rev. ampl. São Paulo: Nova Fronteira, 1994.

FERREIRA, A. B. H. *Novo dicionário Aurélio da língua portuguesa*. 3. ed. rev. ampl. Curitiba: Positivo, 2004.

FIGUEIREDO, V. *A história do futebol de salão*: origem, evolução e estatística. Fortaleza: IOCE, 1996.

FRANCO JÚNIOR, H. *A dança dos deuses*: futebol, sociedade e cultura. São Paulo: Companhia das Letras, 2007.

FREIRE, J. B. *Pedagogia do futebol*. Campinas: Autores Associados, 2002.

GP1. *Jogador de futsal Manoel Tobias vem a Teresina para incentivo ao esporte*. 20 jul. 2011. Disponível em: <https://www.gp1.com.br/noticias/jogador-de-futsal-manoel-tobias-vem-a-teresina-para-incentivo-ao-esporte-203659.html>. Acesso em: 05 ago. 2019.

GUTERMAN, M. *O futebol explica o Brasil*: uma história da maior expressão popular do país. São Paulo: Contexto, 2009.

Instituto Nacional de Estudos e Pesquisas Educacionais Anísio Teixeira (INEP). *Escolas públicas atendem 45 milhões de alunos no Brasil*. 01 jul. 1999. Disponível em: <http://portal.inep.gov.br/artigo/-/asset_publisher/B4AQV9zFY7Bv/content/escolas-publicas-atendem-45-milhoes-de-alunos-no-brasil/21206>. Acesso em: 01 ago. 2019.

Kalsing, J. *Seleção italiana de futsal tem 14 atletas nascidos no Brasil*. 2 out. 2008. Disponível em: <http://www.clicrbs.com.br/especial/sc/qualidade-de-vida-sc/19,0,2216511,Selecao-italiana-de-Futsal-tem-14-atletas-nascidos-no-Brasil.html>. Acesso em: 01 ago. 2019.

Liga Nacional de Futsal (LNF). *Brasileiros dominam listas do Futsal Planet nas indicações dos melhores do mundo*. São Paulo, 12 dez. 2018. Disponível em: <https://ligafutsal.com.br/noticias/brasileiros-dominam-listas-do-futsalplanet-nas-indicacoes-dos-melhores-do-mundo/>. Acesso em: 01 ago. 2019.

Lucena, R. *Futsal e a iniciação*. Rio de Janeiro: Sprint, 1994.

McArdle, W. D.; Katch, F. I.; Katch, V. L. *Fisiologia do exercício*: nutrição, energia e desempenho. 8. ed. Rio de Janeiro: Guanabara Koogan, 2016.

Murad, M. Educação Física, sociologia, futebol: uma interpretação do Brasil In: Bento, J. O. *et al*. *Cuidar da casa comum*: da natureza, da vida, da humanidade. Oportunidades e responsabilidades do desporto e da Educação Física. Belo Horizonte: Casa da Educação Física, 2018. p. 193-202, v. 1.

Nascimento, G. De onde vêm os craques. *Isto É*. 25 jan. 2006. Disponível em: <https://istoe.com.br/3311_DE+ONDE+VEM+OS+CRAQUES/>. Acesso em: 30 jul. 2019.

Oliveira, V.; Paes, R. R. *Ciência do basquetebol*: pedagogia e metodologia da iniciação à especialização. Londrina: Sport Training, 2004.

Organização das Nações Unidas para a Educação, a Ciência e a Cultura (Unesco). *Carta Internacional da Educação Física e do Esporte da UNESCO*. 21 nov. 1978. Disponível em: <https://unesdoc.unesco.org/ark:/48223/pf0000216489_por>. Acesso em: 25 jul. 2019.

Palacios, A.; Chacra, G. *Os hermanos e nós*. São Paulo: Contexto, 2014.

Paulsen, F.; Waschke, J. *Sobotta*: atlas de anatomia humana. 23. ed. Rio de Janeiro: Guanabara Koogan, 2012.

Projeto Futsal Sesc. *Associação Carlos Barbosa ACBF homenageia Manoel Tobias*. 28 abr. 2018. Disponível em: <https://futsal.sesc-ce.com.br/sem-

categoria/associacao-carlos-barbosa-acbf-homenageia-manoel-tobias/>. Acesso em: 05 ago. 2019.

Ré, A. H.; Corrêa, U. C.; Böhme, M. T. Anthropometric characteristics and motor skills in talent selection and development in indoor soccer. *Percept Mot Skills*, v. 110, p. 916-30, 2010.

Reverdito, R. S.; Scaglia, A. J. A Gestão do processo organizacional do jogo: uma proposta metodológica para o ensino dos jogos coletivos. *Motriz*, Rio Claro, v.13, n.1, p.51-63, jan./mar. 2007.

Reverdito, R. S.; Scaglia, A. J.; Montagner, P. C. (org.). *Pedagogia do esporte*: aspectos conceituais da competição e estudos aplicados. São Paulo: Phorte, 2013.

Saad, M. A. *Futsal*: sugestões para organizar a sua equipe. Santa Maria: MaSEditora, 1997.

Sport. *In*: The New Encyclopædia Britannica. Chicago: Encyclopædia Britannica, 1986.

Tedesco, J. C. "Exportação de pés". Jogadores brasileiros de futsal na Itália e redes transnacionais. *Campos*, v. 15, n. 1, p. 57-74, 2014. Disponível em: <https://revistas.ufpr.br/campos/article/view/35784/27039>. Acesso em: 01 ago. 2019.

Teixeira Júnior, J. *Futsal 2000*: o esporte do novo milênio. Porto Alegre: Metrópole, 1996.

Tolussi, F. C. *Futebol de salão*. 3. ed. São Paulo: Hemus, 1986.

Tubino, M. J. G. *O que é esporte?* São Paulo: Brasiliense, 1994.

Tubino, M. J. G.; Moreira, S. B. *Metodologia científica do treinamento desportivo*. 13. ed. ver. ampl. Rio de Janeiro: Shape, 2003.

Voser, R. C. *Iniciação ao futsal*. 2. ed. Canoas: Uebra, 1999.

Weineck, J. *Manual de treinamento desportivo*. 2. ed. São Paulo: Manole, 1986.

Weineck, J. *Treinamento desportivo*. 2. ed. São Paulo: Manole, 1990. p. 57-9.

Witter, J. S. *Breve história do futebol brasileiro*. São Paulo: FTD, 1996.

Zilles, A. *Polígrafo de futebol de salão*. Porto Alegre: UFRGS, 1987.

SOBRE O LIVRO
Formato: 14 x 21 cm
Mancha: 10 x 15,6 cm
Papel: Offset 90g
nº páginas: 96
2ª edição: 2020

EQUIPE DE REALIZAÇÃO
Assistência editorial
Liris Tribuzzi

Edição de texto
Gerson Silva (Supervisão de revisão)
Fernanda Fonseca (Preparação do original e copidesque)
Roberta Heringer de Souza Villar (Revisão)

Editoração eletrônica
Évelin Kovaliauskas Custódia (Capa, projeto gráfico e diagramação)
Douglas Docelino (Ilustrações)

Impressão
Forma Certa